おいしいワインの選び方

杉山明日香

イースト新書Q
Q009

はじめに

「感動するワインにはどうしたら出会えますか？」

先日、あるイベントの最後にこう質問されました。率直にお答えすると、これはお値段の桁をひとつ上げるしかありません……。

ワインが他の醸造酒、ビールや日本酒などに比べて値段が高くなってしまうには理由があります。

ワインはブドウから造られますが、そのブドウの良し悪し、ひいては畑の良し悪しでワインの味わいの大部分が決まってしまうところがあります（もちろんその年の天候や造り手によるところも大きいですが、大前提としてまずは畑の良し悪しです）。そして、いい畑は、世界中で数が限られています。たとえば、有名なロマネ・コンティという畑は、そこで作られるブドウがいいからと言って、畑を広げることはできないのです。

そういうわけで、いい土地、いい畑で造られたワインは数が限定され、大量生産できません。人気が出てきたからと言って、ビールのように工場を増設するわけにはいかず、その結果、世界中の人が欲しがる「感動するワイン」は、必然的に高価になってしまいます。

これはもう仕方がありません。

「感動するワイン」にはそういう理由でお金がかかってしまいます。ところが「おいしいワイン」には、お値段はそれほど関係ありません。

ワインについて「知る」ことで出会うことができます。どういうことかというと……。

ワインというお酒は、基本的にはお料理と一緒に楽しむものです。そのとき、ワインの味と料理の味が「合う」と、ワインも料理もおいしくなります。逆にワインと料理が合わないと、それぞれの魅力が半減してしまいます。

この、ワインと料理を「合わせる」ことを、フランス語ではマリアージュ（結婚）と呼びます。まさに結婚と同じで、お互いの相性によって、それぞれの魅力が高まったり、あるいはなくなったり……ということが起きるのです。

このマリアージュという言葉はまだ、一般的にはなじみのない言葉かもしれませんが、私たちワインに関わる人間のあいだでは、よく使われています。

本書では、ご自宅で普段召し上がるさまざまなお料理に対して、「合うワイン」、すなわち「おいしいワイン」を選ばせていただきました。

もちろんお酒を召し上がる方であれば、普段から、ビールや日本酒、焼酎などを、料理によって替えながら——たとえば餃子だったらビール、お刺身だったら日本酒といった具合に——飲まれていると思います。つまり無意識にマリアージュを楽しまれているはずです。

ビールや日本酒、焼酎のなかにも、さまざまな銘柄があり、それぞれに味わいが異なりますので、お料理の味付けが濃厚だったら、さっぱりした麦焼酎よりも、香りもふくよかな芋焼酎という具合に、細かく合わせている方もいらっしゃるかもしれません。

ワインも同じです。

ただし、ワインが他のお酒に比べて特殊なのは、種類がものすごくたくさんある、ということです。先程お話ししたように、畑の数だけ異なる味わいのワインがあるのです。ですから、普段あまり意識せずに楽しまれていると——もちろん、お酒はそのように楽しんで飲むものなのですが——数が多すぎて、銘柄による味の差をなかなか把握できず、銘柄を覚えることもできません。

ワインをよく飲まれる方でも、お料理に合わせて、マリアージュを意識して「ワインを選ぶ」ことはちょっと難しくて、どうしても漠然と、赤ワインか白ワインか、というような選び方になってしまうと思います。

もちろんレストランでしたら——特に何種類かのワインをグラスで提供してくれるようなところなら——ぜひお店の方に選んでいただくのがいいと思いますが、問題は、ご自宅で飲まれるとき、です。

最近はスーパーやコンビニエンス・ストアでも、何十種類というワインが売られるようになり、ワインはますます気軽に楽しめるお酒になっています。ですが、先程言ったような理由のため、なかなかそれぞれの味わいの差は、把握しづらいと思います。

そこで本書では、普段の献立に「合わせて」、お料理もワインも両方おいしくなるような、そんな「ワインの選び方」をお伝えしていきたいと思います。

選び方として、まずはワインショップやスーパーなどでも手に入りやすいものを中心に、代表的なブドウ品種についてご紹介します。多くの種類があると言っても、そこには基本となる有名なブドウ品種、ワイン造りが盛んな「この国のこの地方で、このブドウ品種によって造られたワイン」という定番の銘柄があるのです。フランスを中心に、イタリアやスペインなどのヨーロッパ、あるいはニューワールドと呼ばれるヨーロッパ以外（アメリカ、チリ、ニュージーランド、日本など）で造られる代表的な品種を選ばせていただきました（同じブドウ品種でも国や地方によってワインの味わいが異なりますので、同一品種で複数選出しているものもあります）。

そして、それらのワインの味わい、飲んだときの印象がなるべく読者の方に伝わるよう、本書ではあえて、それぞれの品種を「人物」に置き換えてみました。さっぱりした人、パワフルな人など、一口に「人物」と言ってもさまざまなタイプがあるように、ワインのタイプもさまざまです。あえてワインを擬人化し、飲んだときの印象――印象の差――をお伝えできれば、と思います（とは言っても、感じ方は主観的なものですし、なかなか一般化できません……本というメディアではどうしても香りや味を伝えることが不可能なため、あくまで想像する契機になれば、と思います）。

そして、それらのワインが、皆様が普段ご自宅で召し上がるどのお料理と合うのか？　というより、今晩の献立が、たとえばから揚げだったら、どのワインを買ったらいいのか？約50品のお料理をまず用意し、それらに先程の定番のワインを掛け合わせていき、どれとどれがベストマッチなのか、どれとどれを一緒に召し上がれば、いいマリアージュ（結婚）になるのか、「実験」を行いました。

じつは私は、ワインのお仕事を本格的に始める前は、理論物理学の研究をやっており、今でも大手予備校で数学講師をしているのですが、今回はその理系的性格から、横軸（x軸）にワインを、縦軸（y軸）には料理をとり、表（チャート）によって、組み合わせを試していきました。本書は、ある意味その実験結果をまとめたレポート、と言えます。

普段、ソムリエ試験を受験される方を対象に、ワインレッスンもやっているのですが、なかなか皆さん、テイスティングに苦労されています。目の前に置かれた数種のワインを見て、香りを嗅ぎ、口に含んで、そのワインの特徴、そしてブドウ品種や生産エリアを当てる、というものですが、もしお料理と一緒に飲み比べたとしたら、おそらくもっとわかりやすいはずです。

その料理と合う／合わないというのは、おいしくなるか、ならないか、という基準だからです。なぜ合うのか？（合わないのか？）その理由が、すなわちワインに含まれる「酸味」だったり「スパイシーさ」だったり「果汁感」だったりという、そのワインの特徴になります。お料理に合わせてワインを飲むことで、それぞれのワインの特徴がよく見えてくるのです。

日本人は世界中のワイン・世界中の料理を楽しんでいます。日本人の食に対する器用さと貪欲さの表れ、ですね。日々の献立にこれだけ幅広い種類のワインが合う、というのも日本ならではです。

フランス人もイタリア人も、基本的に、自国の料理は自国のワインで楽しむんですよね。彼らはワインと食の文化をそのように育んできました。友人のイタリア人なんて、自分の国のワイン・自分の州のワインどころか、どうかすると自分の村のワインしか飲まないですから（笑）。

日本人の場合、たとえば豚キムチ炒めは韓国料理とのミックスだったり、ハンバーグはヨーロッパ系料理とのミックスだったり、ふつうにお食事のなかでいろんな国の料理がミックスされています。

そんな幅広い家庭料理に「合わせられる」、というのもワインの幅の広さ、奥深さゆえです。「合わせる」ことを意識し、一歩踏み出すだけで、普段のお食事の楽しみ方がかなり変わってくるのではないでしょうか。

この料理にはどんなワインが合うか――一緒に飲んでみて、その料理のおいしさが増すのかどうか――ぜひこのあたりから入っていただければと思います。この料理に合わせてこのワイン（品種と産地）という組み合わせが一度わかれば、逆に、今度そのワインを飲むときには、「この前のあの料理に合ったから、今日はこの食材で、こういう味付けの料理を」というような発想にもつながっていきます。ワインから献立を考えることもできますね。

ではさっそく代表的なブドウ品種の紹介からいきましょう。
①ブドウ品種は何か？
②フランスか、それ以外か？
この2点を意識しつつ、ご覧ください。

●目次

ブドウ品種紹介
——その個性を知っておこう！

黒ブドウ

料理別 おいしいワインの選び方
――赤か白か？のその先へ

お祝いの日のシャンパーニュ

ブドウ品種紹介
——その個性を知っておこう!

代表的なブドウ品種で造られたワイン25種類をご紹介します。味わいを分析し、成分ごとにグラフ化、さらに各成分を以下のルールに従い、「人物」の特徴に置き換えてみました。

白ブドウ（白ワイン） ➡ 男性

酸 ➡ 表情		酸味が多いほど、表情がキリッ
甘味 ➡ 服の季節		甘味が少ないと夏、多いと冬
ミネラル ➡ 服のフォーマル度		ミネラルが普通だと服装はラフ、多いとフォーマル（ミネラルについてはP48を御覧ください）
柑橘 ➡ 髪の長さ		ライムのような緑の柑橘は髪が短かく、グレープフルーツのような黄色の柑橘は長い
ボディ ➡ 体型		ボディが大きいほど、体型どっしり

黒ブドウ（赤・ロゼワイン） ➡ 女性

酸 ➡ 表情		酸味が多いほど、表情がキリッ
甘味 ➡ 服の季節		甘味が少ないと夏、多いと冬
ミネラル ➡ 服のフォーマル度		ミネラルが普通だと服装はラフ、多いとフォーマル
ベリー ➡ 髪の長さ		ベリー系の香りが少ないほど髪が短く、多いほど長い
タンニン ➡ 胸		少ないほど小さめで、多いほど大きめ
ボディ ➡ 体型		ボディが大きいほど、体型どっしり

また、スーパーマーケット「成城石井」で買える代表的な銘柄をセレクトし、ラベルの写真と店頭のPOPコメントと共にご紹介いたしましたので、ご購入の際、ぜひご参考ください。お近くに成城石井がないお客様でもネットショップ「SEIJO ISHII .COM」にて購入可能です。

白ブドウ①

シャルドネ（シャブリ）

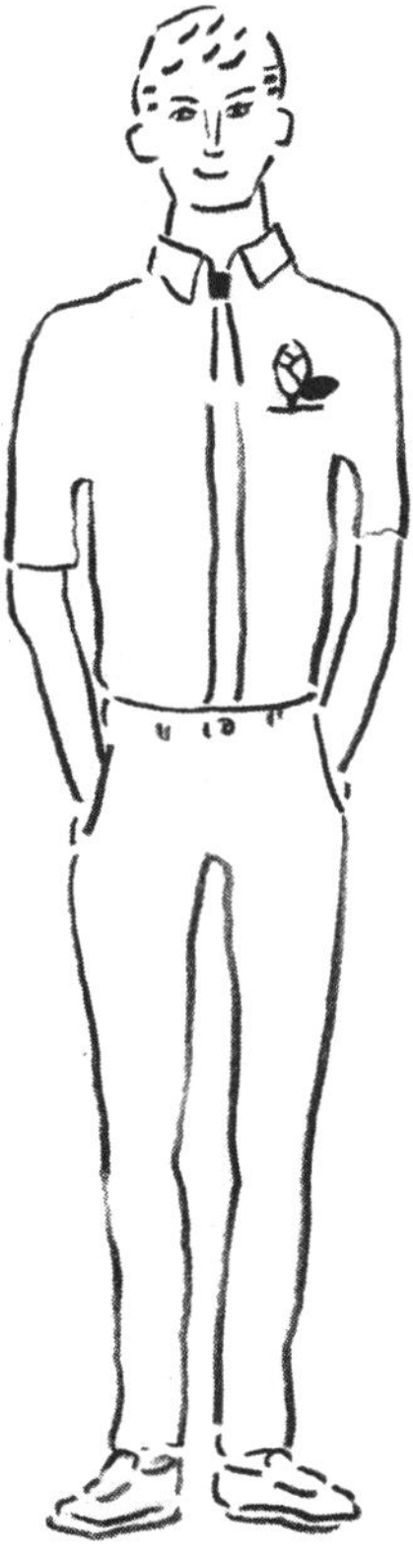

産地：フランス・ブルゴーニュ地方 シャブリ地区

少 酸 多
にっこり 表情 キリッ！

少 甘味 多
夏 服の季節 冬

普 ミネラル 多
ラフ 服のフォーマル度 フォーマル

緑 柑橘 黄
短い 髪の長さ 長い

小 ボディ 大
細い 体型 大きい

今回の白ワインのなかで、酸がもっとも多く、キリッとしています。ミネラルももっとも豊富でエレガント。逆に甘味は少なく、ライムのようなさっぱりとした柑橘の香りがあり、ボディも細め。酸味のあるお料理やミネラル豊富な魚介を使ったお料理とすごく合います。

ドゥフェ　シャブリAC

柑橘類を思わせる爽やかな香りとなめらかな飲み口が人気で、長く定番の成城石井厳選シャブリ。

シャルドネ（ムルソー）

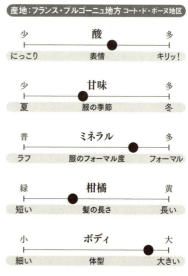

産地：フランス・ブルゴーニュ地方 コート・ド・ボーヌ地区

酸　少 ― 多
にっこり　表情　キリッ！

甘味　少 ― 多
夏　服の季節　冬

ミネラル　普 ― 多
ラフ　服のフォーマル度　フォーマル

柑橘　緑 ― 黄
短い　髪の長さ　長い

ボディ　小 ― 大
細い　体型　大きい

フランス・ブルゴーニュ地方を代表する生産地ムルソー村の白ワイン。酸味、ミネラル、果実味ともに高いレベルでバランスがよく、飲み応えも充分。樽の香りが美しく溶け込んだ、芳醇で優雅なワイン。しっかりめの前菜を始め、鶏肉や豚肉などの白身のお肉にもよく合います。

ミシェルジャック　ムルソー　ブラン
ヴィエイユヴィーニュ

フランスの星付きレストラン「ラ・コート・サンジャック」プロデュース。ムルソーは世界のシャルドネの頂点のひとつ。程良いボリューム感がありバランスに優れている。

白ブドウ③

シャルドネ（アメリカ）

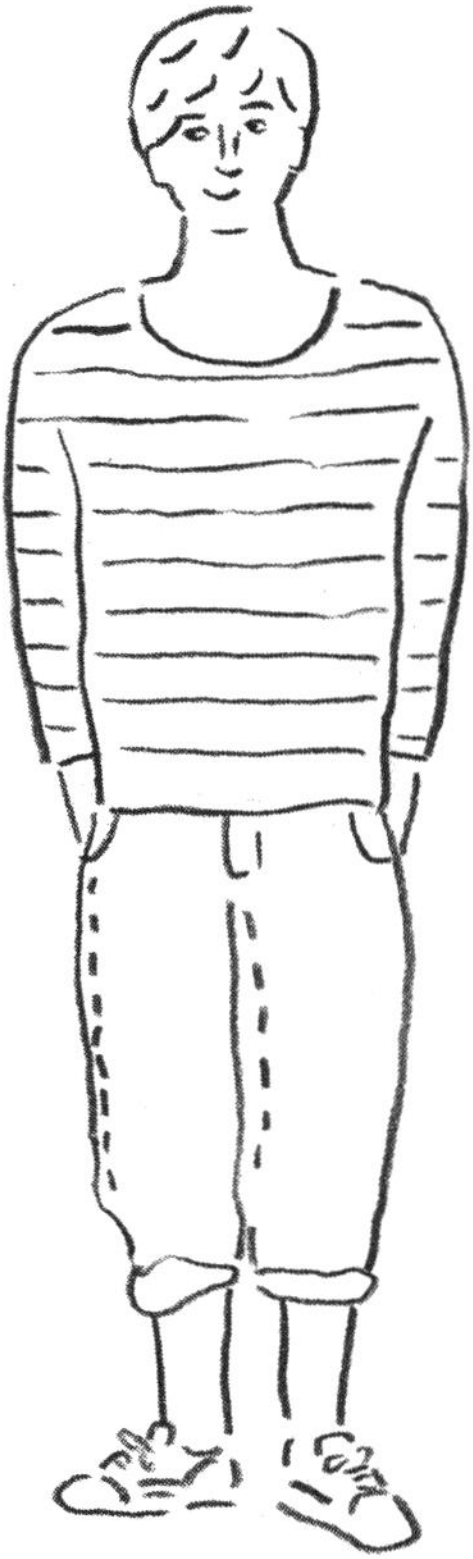

産地：アメリカ

少	酸	多
にっこり	表情	キリッ！

少	甘味	多
夏	服の季節	冬

普	ミネラル	多
ラフ	服のフォーマル度	フォーマル

緑	柑橘	黄
短い	髪の長さ	長い

小	ボディ	大
細い	体型	大きい

シャブリと同じくシャルドネ種の白ワインですが、シャブリが酸もミネラルも高かったのに対してこちらはどちらも少なめ。逆にボディは今回の白ワインのなかでもっとも大きく、樽の香りがしっかり効いたふくよかな白ワイン。揚げもの（特にとんかつ）など、衣の香りとよく合います。

オーボンクリマ　シャルドネ　ツベキラベル

パイナップル、マンゴーといったトロピカルフルーツにリンゴやレモンの香り。ハニーの風味が加わり丸みのあるスタイルだが、引き締まった酸味がすっきりとした飲み口をつくっている。余韻はリッチで風味が長く続く。

ソーヴィニョン・ブラン（ロワール）

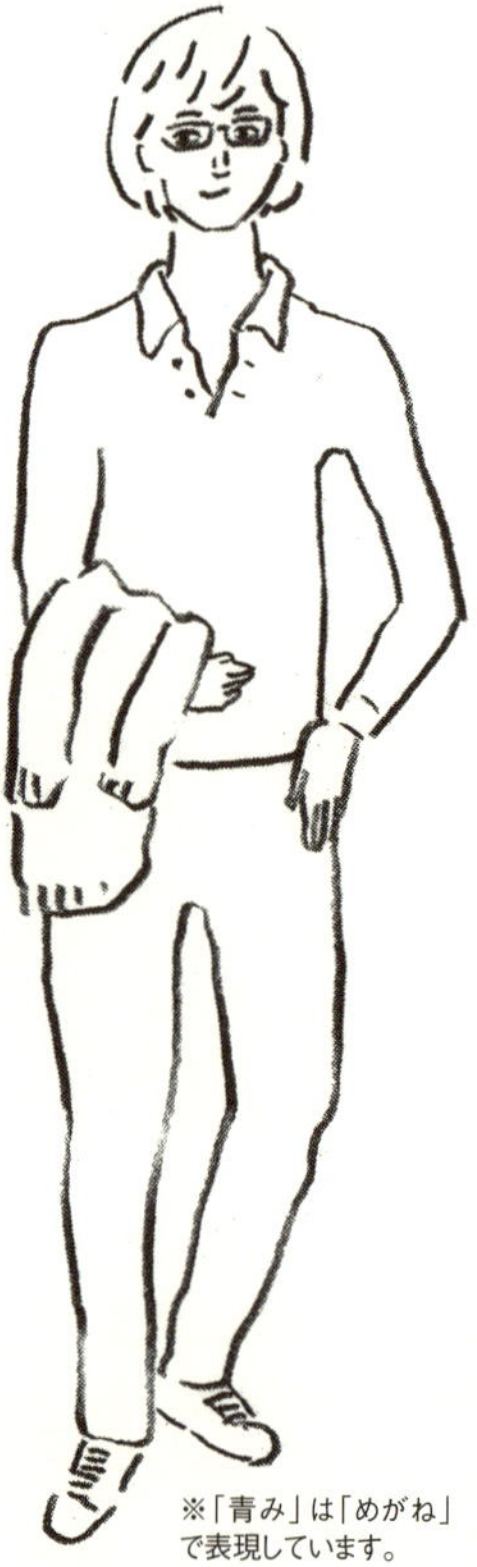

産地：フランス・ロワール地方

酸
少 — 多
にっこり　表情　キリッ！

甘味
少 — 多
夏　服の季節　冬

ミネラル
普 — 多
ラフ　服のフォーマル度　フォーマル

柑橘
緑 — 黄
短い　髪の長さ　長い

ボディ
小 — 大
細い　体型　大きい

柑橘やハーブのような上品で爽やかな香りが特徴。味わいも果実味や酸味が優しく調和し、バランスがよいので、さまざまなお料理と合わせやすいです。ハーブや香味野菜をあしらったお魚のカルパッチョ仕立てや、エビなどの魚介を加えたサラダなどにもよく合います。

※「青み」は「めがね」で表現しています。

プリュール　サンセール　ブラン
白い花の香りや洋ナシのような香りが漂う。全体のバランスもよくとれており、厚みのあるしっかりとした味わいのワイン。魚やエビ、ヤギのチーズにも合う。

白ブドウ⑤

ソーヴィニョン・ブラン（ニュージーランド）

産地：ニュージーランド

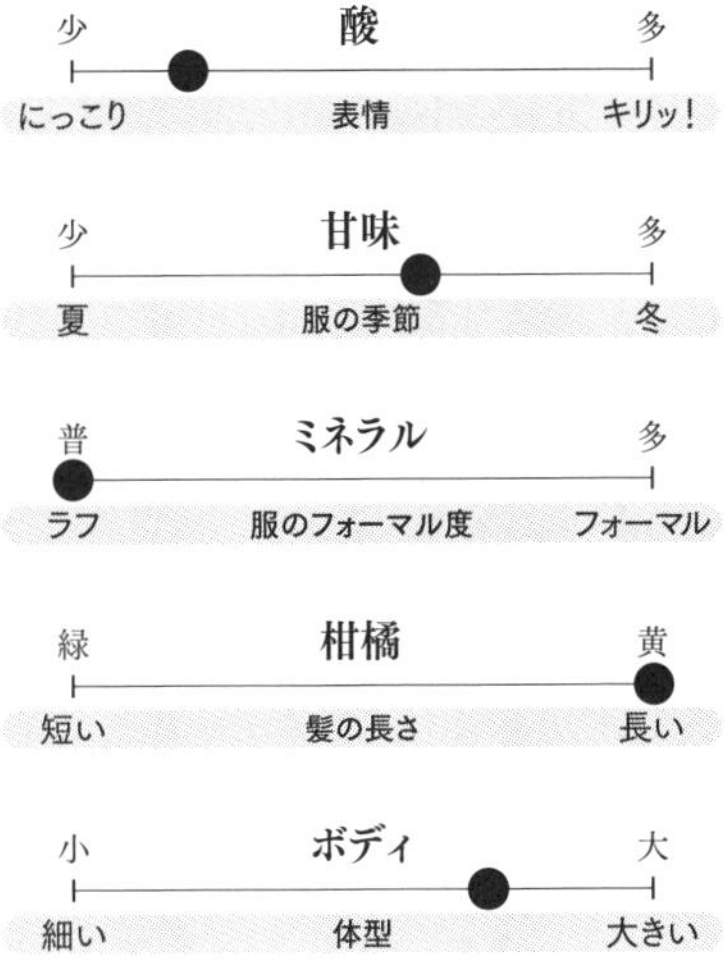

ニュージーランドのソーヴィニョン・ブランは、ロワールのものに比べ、酸味・ミネラルはやや少ない一方、植物の「青い」香りや果実味が強く個性的。緑の野菜を使ったお料理に、ハーブや果物などを加え、しっかりした味付けにするとより相性がよくなります。

リボンウッド　マールボロ
ソーヴィニョン・ブラン

2009年ヴィンテージより、100%環境保持可能な葡萄畑及びワイン醸造方法としてSWNZの認証を受けているワイナリー。凝縮感がありしっかりとした味わいで、スッキリとした余韻のワイン。

リースリング

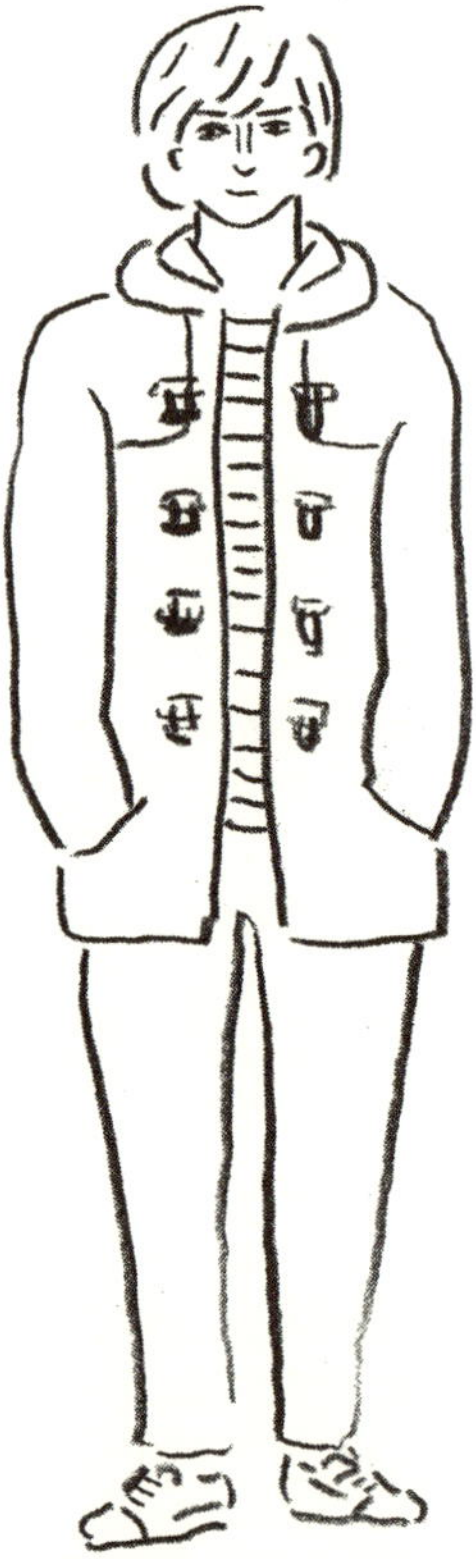

産地：フランス・アルザス地方など

少　酸　多
にっこり　表情　キリッ！

少　甘味　多
夏　服の季節　冬

普　ミネラル　多
ラフ　服のフォーマル度　フォーマル

緑　柑橘　黄
短い　髪の長さ　長い

小　ボディ　大
細い　体型　大きい

主にフランス・アルザス地方とドイツで栽培されている品種。冷涼な地域のため、酸味がしっかりありますが、甘味・柑橘度も高いのが特徴です。そのため、味のバランスがよく、いろんなタイプのお料理と合わせやすいです。特にじゃがいも料理と合わせるのがおすすめです。

マルセル・ダイス　リースリング

明るい色調。レモンや蜂蜜、白い花のアロマが香り立つ。魅力的で丸みのある新鮮な果実の味わいのあとに、ほんのりとミネラルを感じさせる後味でしまる。

白ブドウ⑦

ゲヴュルツトラミネル

産地：フランス・アルザス地方など

少	酸	多
にっこり	表情	キリッ！

少	甘味	多
夏	服の季節	冬

普	ミネラル	多
ラフ	服のフォーマル度	フォーマル

緑	柑橘	黄
短い	髪の長さ	長い

小	ボディ	大
細い	体型	大きい

本書では白・赤ワインを通して、もっとも甘口のワインで、はっきりとしたライチの香りが特徴です。甘めで香りも華やかなため、和食よりも中華のような濃いめの味付けのお料理とよく合います。「ゲヴュルツ」とはドイツ語で「スパイシーな」という意味。ややピリッとした感じもあり。

マルセル・ダイス　ゲヴュルツトラミネル

上品なアロマが特徴で、リースリング、ピノグリと並び、アルザス地方を代表するワイン。ライチやグレープフルーツ、バラのような香りが心地よい。

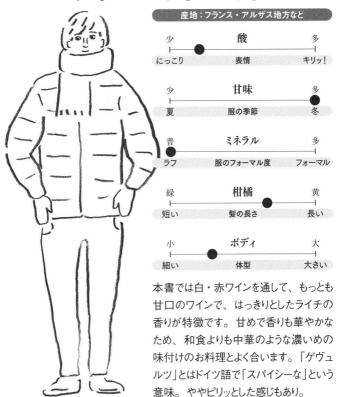

ミュスカデ

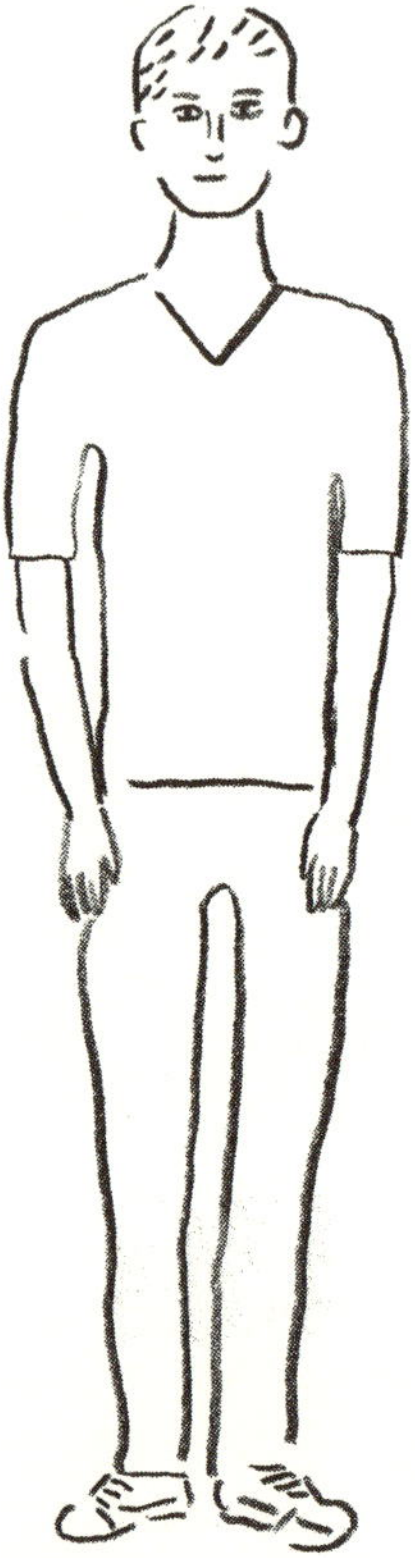

産地：フランス・ロワール地方

酸
少 ― 多
にっこり　表情　キリッ！

甘味
少 ― 多
夏　服の季節　冬

ミネラル
普 ― 多
ラフ　服のフォーマル度　フォーマル

柑橘
緑 ― 黄
短い　髪の長さ　長い

ボディ
小 ― 大
細い　体型　大きい

強い個性がなく、さっぱりとした口当たりが特徴。似た特徴の甲州と比べ酸とミネラルが少し多め。甘味はどちらも少なく、クセがないやさしい味わいでお刺身にもよく合います。ミュスカデのほうがミネラルが多い分、ホタテなど海のミネラルが豊富なものとの相性がいいです。

オー・フェヴリー　ミュスカデ
シュール・リー　エクセレンス

このエクセレンスというキュヴェは古樹のぶどうから造られたドメーヌ・オー・フェヴリーの上級品。

白ブドウ⑨

甲州

産地：日本

少	酸	多
にっこり	表情	キリッ！

少	甘味	多
夏	服の季節	冬

普	ミネラル	多
ラフ	服のフォーマル度	フォーマル

緑	柑橘	黄
短い	髪の長さ	長い

小	ボディ	大
細い	体型	大きい

ミュスカデ同様、さっぱりとした透明感のある白ワインで、本書では白・赤ワインを通じて、唯一の日本ワインです。甲州はミュスカデに比べて酸味やミネラル感が少なめ。果実味や柑橘の香りなども穏やかで、クセがないため、あっさりとした和食に合わせやすいです。

ちちぶ　ワインシュール・リー

近年世界でも確固たる地位を築いた日本固有の葡萄品種“甲州”を使用。切れのある酸とシュル・リー製法による厚みが調和した極上の辛口白ワイン。

シュナン・ブラン

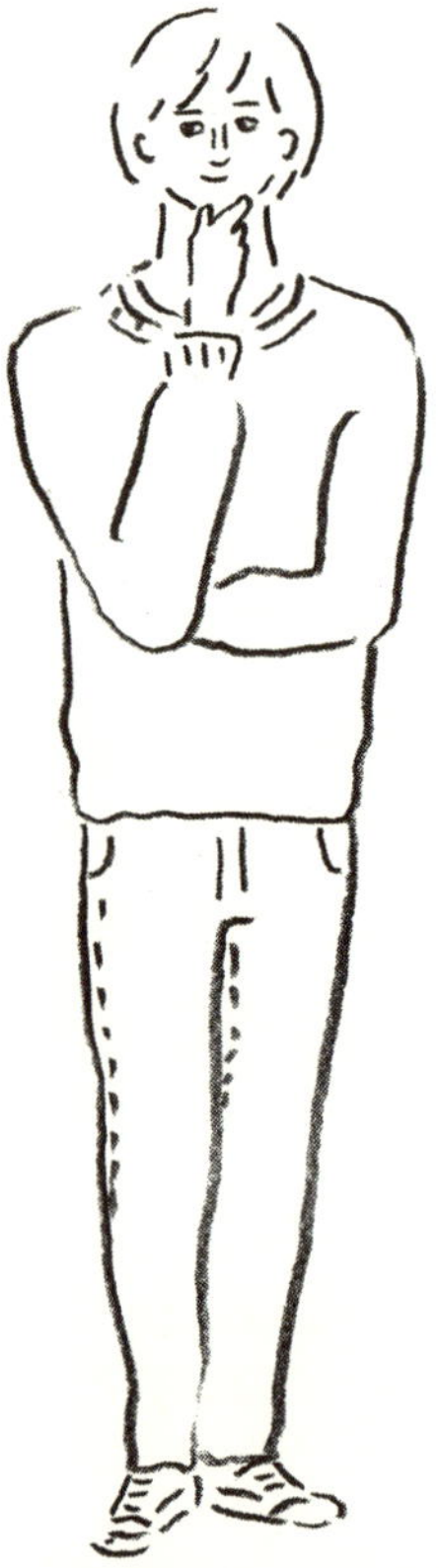

産地：フランス・ロワール地方、南アフリカなど

酸
少 ―●――― 多
にっこり　表情　キリッ！

甘味
少 ―――●―― 多
夏　服の季節　冬

ミネラル
普 ●――――― 多
ラフ　服のフォーマル度　フォーマル

柑橘
緑 ――――●― 黄
短い　髪の長さ　長い

ボディ
小 ―●―――― 大
細い　体型　大きい

すっきりとした酸と甘みが特徴で味わいにメリハリの利いた白ワイン。中華料理のような味付けのしっかりしたお料理とよく合います（特にシュウマイや肉まんのような点心に）。フランスのロワール地方が有名（原産）ですが、近年、南アフリカのものも知名度が上がっています。

バロンピークス　シュナンブラン

手摘みで収穫され、丁寧に醸し、じっくり熟成させたこだわりの南アフリカのワイン。爽やかで果実風味豊かな柔らかい口当たりで、カジュアルに楽しめる一本。

白ブドウ⑪

ガルガーネガ

産地：イタリア・ヴェネト州

少　酸　多
にっこり　表情　キリッ！

少　甘味　多
夏　服の季節　冬

普　ミネラル　多
ラフ　服のフォーマル度　フォーマル

緑　柑橘　黄
短い　髪の長さ　長い

小　ボディ　大
細い　体型　大きい

イタリアを代表する白ワインであるソアヴェ（ヴェネト州）の主要品種としてよく知られています。酸は少なめでフルーティー、ミネラルが豊富。クセがなくすっきりとした味わいなので、魚介料理全般とよく合います。お値段もお手頃で、普段飲みにぴったりです。

バディッサ　ソアヴェ

柑橘系のフレッシュな香りと、みずみずしく引き締まった味わいが魅力の白ワイン。思わず魚介類が食べたくなるような、爽やかでフルーティーな味わい。

ピノ・ノワール（スパークリング・ロゼ）

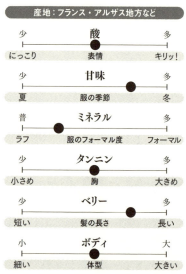

産地：フランス・アルザス地方など

少	酸	多
にっこり	表情	キリッ！
少	甘味	多
夏	服の季節	冬
普	ミネラル	多
ラフ	服のフォーマル度	フォーマル
少	タンニン	多
小さめ	胸	大きめ
少	ベリー	多
短い	髪の長さ	長い
小	ボディ	大
細い	体型	大きい

黒ブドウのみで造られた発泡性のロゼなので、心地よい果実味とタンニンが特徴。シャンパーニュのロゼと比べると酸味がやわらかく、果実味が強いものが多い。合わせるお料理はさっぱりした軽めの前菜よりも、より旨味や果実味、コクのあるもののほうが相性がいいです。

黒ブドウ❷

ピノ・ノワール

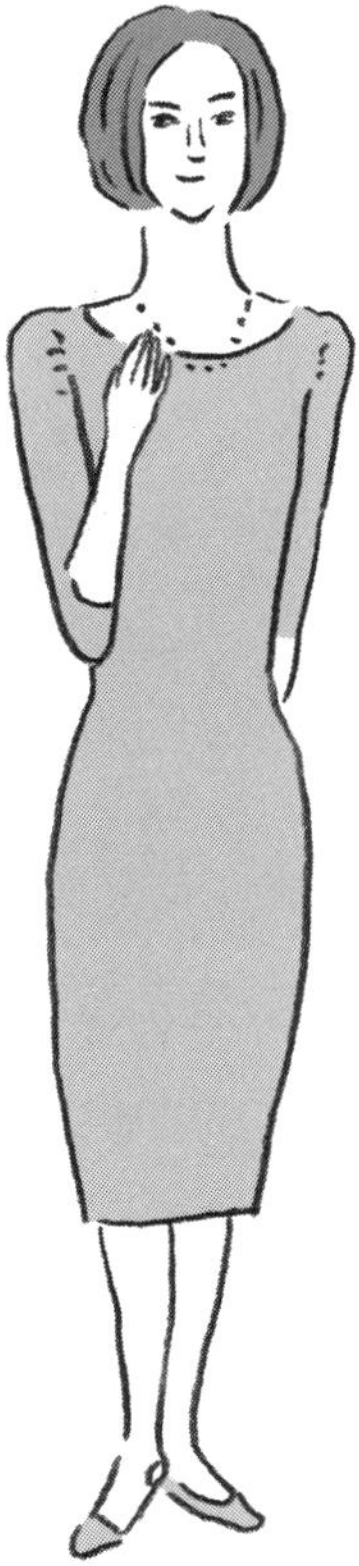

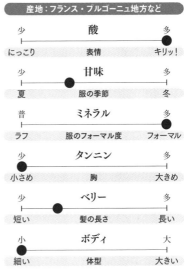

産地：フランス・ブルゴーニュ地方など

少	酸	多
にっこり	表情	キリッ！

少	甘味	多
夏	服の季節	冬

普	ミネラル	多
ラフ	服のフォーマル度	フォーマル

少	タンニン	多
小さめ	胸	大きめ

少	ベリー	多
短い	髪の長さ	長い

小	ボディ	大
細い	体型	大きい

フランス・ブルゴーニュ地方の黒ブドウ品種。ミネラルと酸は今回の赤ワイン中もっとも高い一方、タンニンは少なめで、ボディも細めです。育てるのに手間のかかる繊細な品種ですが、ポテンシャルが高く、超高級ワイン（ロマネ・コンティなど）もこのピノ・ノワールから造られます。

クロワサンジャック　ブルゴーニュ
ピノ・ノワール

ミシュラン星付きレストランが手掛ける、手軽でおいしいブルゴーニュ。果実の風味が豊かでなめらかな口当たり。美食家に贈る、バランスのとれた味わいの一本！

カベルネ・ソーヴィニヨン（ボルドー）

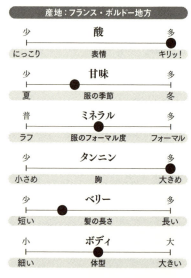

産地：フランス・ボルドー地方

少　酸　多
にっこり　表情　キリッ！

少　甘味　多
夏　服の季節　冬

普　ミネラル　多
ラフ　服のフォーマル度　フォーマル

少　タンニン　多
小さめ　胸　大きめ

少　ベリー　多
短い　髪の長さ　長い

小　ボディ　大
細い　体型　大きい

フランス・ボルドー地方の代表的な黒ブドウ品種で、最高級ワインから日常ワインまで幅広く造られています。香りにミントやピーマンのような青みがあり、味わいにはしっかりした酸味と豊富なタンニンがあるのが特徴。サーロインステーキなどシンプルなお肉料理とよく合います。

パーセル カベルネ・ソーヴィニヨン

シャトー・モンペラの生産者デスパーニュ家が造り出すデイリーワイン。生産者・畑を限定し、カベルネのスパイシーな風味と果実風味のバランスの取れた味わい。

黒ブドウ❹

カベルネ・ソーヴィニョン（チリ）

産地：チリ

酸　少 ―――――――――● 多
にっこり　表情　キリッ！

甘味　少 ―――――●―― 多
夏　服の季節　冬

ミネラル　普 ――――●――― 多
ラフ　服のフォーマル度　フォーマル

タンニン　少 ―――――――――● 多
小さめ　胸　大きめ

ベリー　少 ――――●――― 多
短い　髪の長さ　長い

ボディ　小 ―――――●―― 大
細い　体型　大きい

チリのカベルネ・ソーヴィニョンはボルドーのものと比べると、果実味や青みがはっきりとしている一方、酸味は柔らかめ。なので、脂のあるステーキに合わせるのなら口をすっきりさせてくれるボルドーを、ピーマンの肉詰めなど青みがあるお肉料理にはチリカベを合わせて。

デ・マルティノ　カベルネ・ソーヴィニョン レゼルヴァ347

紫がかった深い赤色。フレッシュな赤い果実の香りで、オーク樽からくるヴァニラ香のハーモニーは抜群によい。口に含むとスパイシーで、チョコレートやヴァニラのニュアンスを感じる。

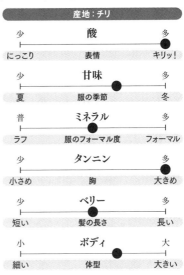

メルロ

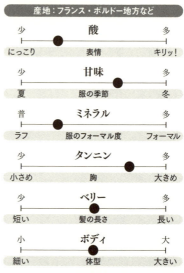

産地：フランス・ボルドー地方など

少　酸　多
にっこり　表情　キリッ！

少　甘味　多
夏　服の季節　冬

普　ミネラル　多
ラフ　服のフォーマル度　フォーマル

少　タンニン　多
小さめ　胸　大きめ

少　ベリー　多
短い　髪の長さ　長い

小　ボディ　大
細い　体型　大きい

同じボルドー地方のカベルネ・ソーヴィニョンと比べ、酸味・タンニンともに柔らか。丸みのある口当たりが特徴で、クセのない飲みやすさが人気。カベルネ同様にステーキを合わせるとしたら、こちらはサーロインより、脂身の少ないフィレのほうがぴったり合います。

シャトー　タレーズ

メルロ80%、カベルネ・ソーヴィニョン20%。イチゴやチェリーのような赤い果実を思わせる香りが立ち、口当たりも滑らかでタンニンも程よく、ジューシーな味わいのワイン。

黒ブドウ❻

カベルネ・フラン

産地：フランス・ロワール地方など

少　酸　多
にっこり　表情　キリッ！

少　甘味　多
夏　服の季節　冬

普　ミネラル　多
ラフ　服のフォーマル度　フォーマル

少　タンニン　多
小さめ　胸　大きめ

少　ベリー　多
短い　髪の長さ　長い

小　ボディ　大
細い　体型　大きい

メルロ同様、カベルネ・ソーヴィニヨンに比べ、酸、タンニンが控えめで、ボディも細めです。軽やかな口当たりと「青み」が強く感じられるのが特徴で、植物の緑っぽさを含んでいる赤ワインです。本書では、うなぎのかば焼きに山椒をかけたものとよく合いました（144ページ）。

シラー

※「スパイシーさ」は濃い髪の色で表現しています。

産地：フランス・ローヌ地方（北部）など

項目	目盛	表現
酸	少 ― 多	にっこり ― 表情 ― キリッ！
甘味	少 ― 多	夏 ― 服の季節 ― 冬
ミネラル	普 ― 多	ラフ ― 服のフォーマル度 ― フォーマル
タンニン	少 ― 多	小さめ ― 胸 ― 大きめ
ベリー	少 ― 多	短い ― 髪の長さ ― 長い
ボディ	小 ― 大	細い ― 体型 ― 大きい

カベルネ・ソーヴィニヨンと同様に、タンニンと酸味が豊かで、しっかりとした骨格がある印象の赤ワイン。特徴は、よく熟したニュアンスのベリー系の風味と、スパイシーな香り。そのため特にコショウなど香辛料が利いたお肉料理全般との相性が素晴らしいです。

ポーション　クローズ・エルミタージュ ルージュ

シラー種100%で造られ、完熟したカシスの風味や、ハーブのような複雑味を併せ持つスパイシーで綺麗に溶け込んだ渋みが美味。

黒ブドウ❽

シラーズ

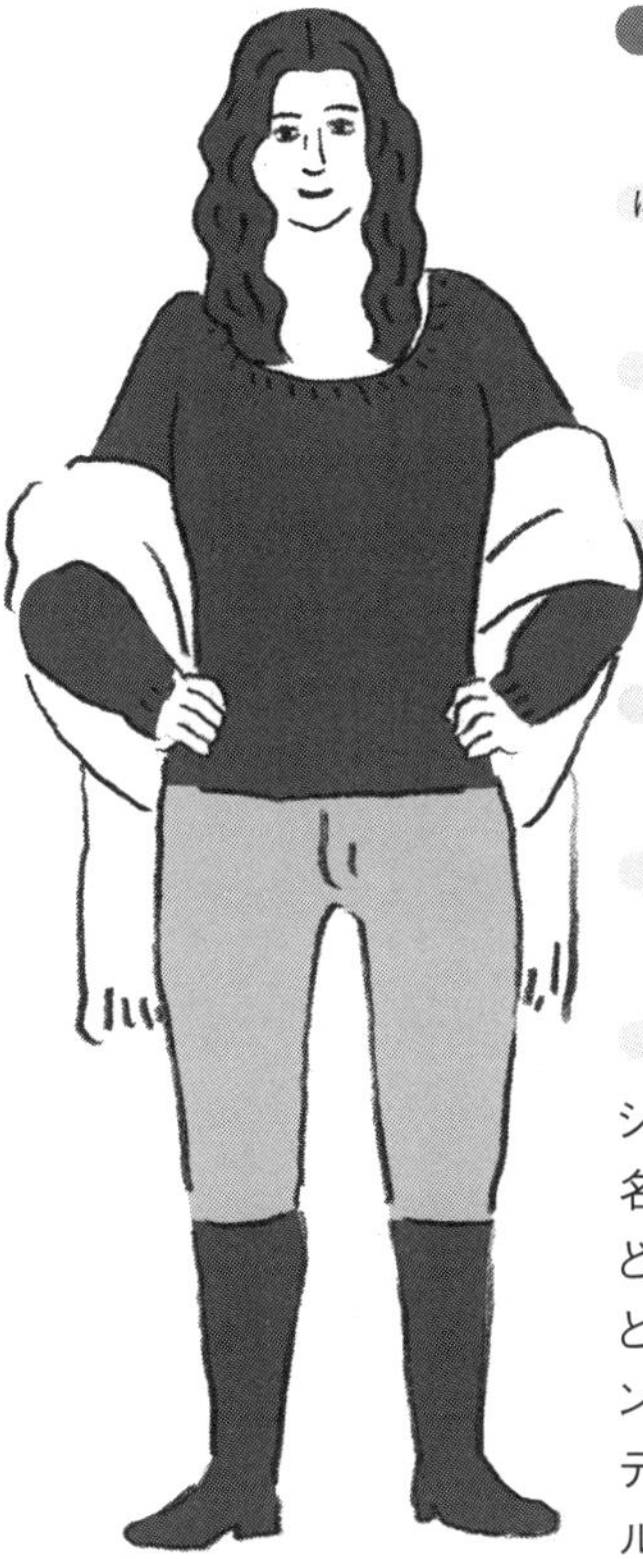

産地：オーストラリアなど

少　**酸**　多
にっこり　表情　キリッ！

少　**甘味**　多
夏　服の季節　冬

普　**ミネラル**　多
ラフ　服のフォーマル度　フォーマル

少　**タンニン**　多
小さめ　胸　大きめ

少　**ベリー**　多
短い　髪の長さ　長い

小　**ボディ**　大
細い　体型　大きい

シラーズはオーストラリアでのシラーの別名ですが、できるワインは別物といえるほど濃厚です。「ジャミー（ジャムっぽい）」と形容され、香り豊か。今回の赤ワインの中で、甘味・ベリー・タンニン・ボディが最大値で、非常に力強く、パワフルなお肉料理とよく合います。

ドメーヌ・シャンドン　シラーズ

モエシャンドンがオーストラリアで手がけるワイナリー。野性味を感じる力強い果実の味わいに、樽のニュアンスが溶け込み、満足感のある味わい。

グルナッシュ（ロゼ）

産地：フランス・ローヌ地方（南部）など

項目	左	右
酸（表情）	少（にっこり）	多（キリッ！）
甘味（服の季節）	少（夏）	多（冬）
ミネラル（服のフォーマル度）	普（ラフ）	多（フォーマル）
タンニン（胸）	少（小さめ）	多（大きめ）
ベリー（髪の長さ）	少（短い）	多（長い）
ボディ（体型）	小（細い）	大（大きい）

本書では唯一のロゼワイン。日本でのロゼワイン人気はまだまだですが、じつは幅広く家庭料理によく合う万能選手。果実味のあるグルナッシュから造られるため、豚キムチ炒めなど、やや濃い味のお料理にも対応可。ちなみにプロヴァンスのロゼは、より軽やかな味わいです。

ラフォンロック　エピーヌ　タヴェル・ロゼ

フランスを代表する辛口ロゼワイン。グルナッシュ種のよく熟した印象の溢れる果実味と、程よい酸味のバランスが抜群のワイン。

黒ブドウ⑩

グルナッシュ

※「果汁感」は濃い服の色で表現しています。

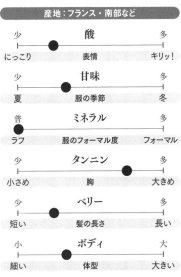

産地：フランス・南部など

項目	左	右	表現	左	右
酸	少	多	表情	にっこり	キリッ！
甘味	少	多	服の季節	夏	冬
ミネラル	普	多	服のフォーマル度	ラフ	フォーマル
タンニン	少	多	胸	小さめ	大きめ
ベリー	少	多	髪の長さ	短い	長い
ボディ	小	大	体型	細い	大きい

南仏や地中海沿岸地域で広く栽培されている品種で、太陽をよく浴び、ブドウがしっかり熟したような、溢れる果汁感が特徴。ややスパイシーなニュアンスもあり、お肉を使ったしっかりめの味わいの前菜や、オリーヴやトマトソースを使った南イタリア料理にもよく合います。

フィトゥー　レゼルヴ　サンテステーヴ

南仏最古の赤ワインと言われるA.O.C.フィトゥー。歴史に恥じない風味豊かな素晴らしい品質のワイン。赤い果物を思わせる香りにほんのりと感じるスパイシーさがエレガント。

サンジョヴェーゼ

産地：イタリア・トスカーナ州

少　酸　多
にっこり　表情　キリッ！

少　甘味　多
夏　服の季節　冬

普　ミネラル　多
ラフ　服のフォーマル度　フォーマル

少　タンニン　多
小さめ　胸　大きめ

少　ベリー　多
短い　髪の長さ　長い

小　ボディ　大
細い　体型　大きい

世界でもっとも有名なイタリアの赤ワイン「キャンティ」の主要品種。トスカーナ州（州都はフィレンツェ）のワインで、美しい果実味と、エレガントな酸味とタンニンが特徴。現地で一緒に合わせる赤身のお肉（Tボーンステーキ）の他、トマトソースを使ったお料理とも相性がいいです。

ピッチーニ　キャンティ　リゼルヴァ

ピッチーニ社が大事に育ててきたキャンティリゼルヴァ。樽の熟成期間をしっかりと取り、味わいに幅のあるリッチなスタイル。

黒ブドウ⑫

ネッビオーロ

産地：イタリア・ピエモンテ州

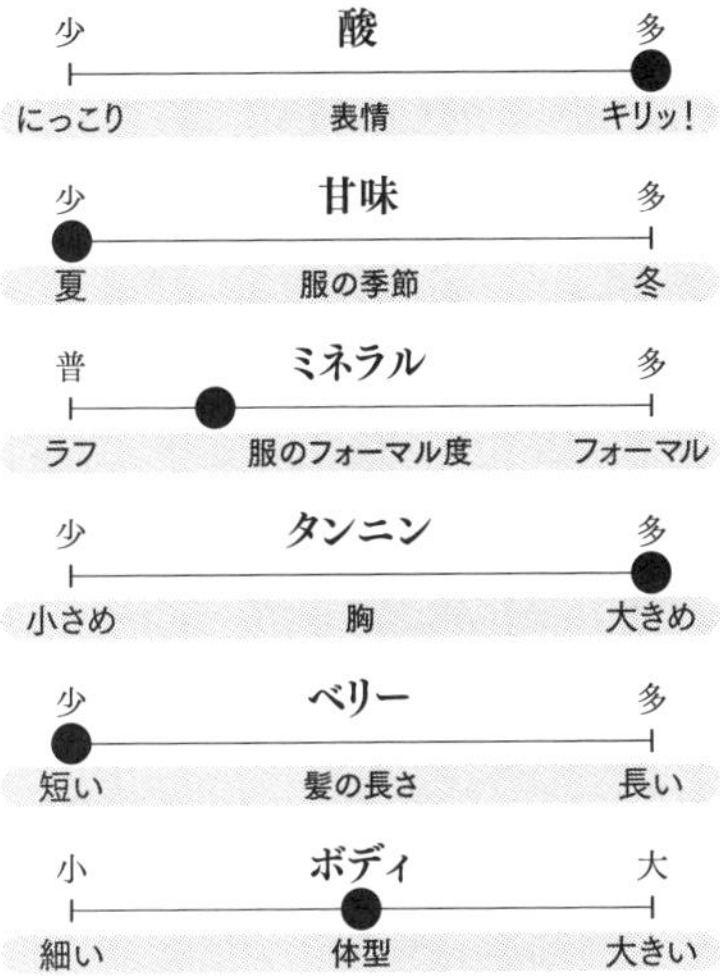

バローロやバルバレスコなど、イタリアを代表する高級赤ワインが造られる黒ブドウ品種。サンジョヴェーゼより酸もタンニンも豊富で、スパイスやなめし革のようなニュアンスの香りもあるため、脂身のあるサーロインステーキやキノコを使ったお料理などとよく合います。

ジェンマ　バルバレスコ

フルーティーで花束のような豊かな香りをまとい、スパイスや香ばしい樽の風味が加わる。構成がしっかりしており、濃密なタンニンは赤身の肉や熟成したチーズとの相性が良い。

ランブルスコ

産地：イタリア・エミリア・ロマーニャ州

少	酸	多
にっこり	表情	キリッ！
少	甘味	多
夏	服の季節	冬
普	ミネラル	多
ラフ	服のフォーマル度	フォーマル
少	タンニン	多
小さめ	胸	大きめ
少	ベリー	多
短い	髪の長さ	長い
小	ボディ	大
細い	体型	大きい

イタリアの珍しい弱発泡性赤ワイン。酸・ミネラルは少なく、甘みとタンニンは多め。甘口〜辛口まで造られていますが、ドライなタイプでも果実味が豊かな味わいです。イタリアのエミリア・ロマーニャ州（州都はボローニャ）のワインで、ボロネーゼにもよく合います。

フェラリーニ　ランブルスコ　モンテリッコ

細かい泡が持続する濃い赤色。スミレの香りが心地よく広がる。フレッシュでドライなフレーヴァーはさまざまな料理との相性が良く、意外と親しみやすい一品。

黒ブドウ⓮

テンプラニーリョ

産地：スペイン・リオハなど

少	酸	多
にっこり	表情	キリッ！

少	甘味	多
夏	服の季節	冬

普	ミネラル	多
ラフ	服のフォーマル度	フォーマル

少	タンニン	多
小さめ	胸	大きめ

少	ベリー	多
短い	髪の長さ	長い

小	ボディ	大
細い	体型	大きい

スペインを代表する黒ブドウ品種。グルナッシュ同様、しっかりとした果汁感がありますが、酸とミネラルは少なめ。特にリオハのものは、熟成する際にアメリカンオーク樽を使うことが多いため、ヴァニラのような特有の甘い香りがワインにつきます。焼鳥の甘いタレによく合います。

ラン　レゼルヴァ

テンプラニーリョ主体でマスエロ、グルナッシュをブレンドし、アメリカンオークで12ヶ月、瓶内で24ヶ月の熟成。複雑で奥深い味わいの赤ワイン。

料理別

おいしいワインの選び方

——赤か白か？のその先へ

1 お刺身（カルパッチョ）

		ミュスカデ	甲州	ソーヴィニヨン・ブラン（ロワール）
真鯛	オリーブオイル・塩・レモン	◎	○	◎
真鯛	醤油・わさび	○	◎	
ホタテ	オリーブオイル・塩・レモン	◎	○	◎
ホタテ	醤油・わさび	○	◎	

真鯛のカルパッチョ

真鯛とホタテ、2種類のお刺身を、2つの味付けで食べてみます。それぞれ、どんなワインと一緒に食べると一番おいしく感じるのか、試してみましょう。

赤ワインが合わないことは想像できますね。特に白身の生魚に赤ワインは合いません。あと、ロゼワインも合いません（ロゼワインも、赤ワイン同様黒ブドウで造られていますので、生の白身魚には味が強くなりすぎてしまいます）。やっぱり白ワインで合わせていきましょう。しかし、白ワインと言っても、なんでもいいわけではありません。まず注意していただきたいのは、香りの強いのものです。

たとえば、シャルドネ（＊ニューワールド）とソーヴィニョン・ブラン（ニュージーランド）。これらはお刺身に基本的には合いません。どちらもワインの香りが強すぎるんですね。シャルドネ（ニューワールド）は「樽の香り」――ワインを造る際、樽で熟成させると、そのときに樽の香りが付きます――が強い。ソーヴィニョン・ブラン（ニュージーランド）は、「青い香り（ハーブっぽさ）」――これがソーヴィニョン・ブランというブドウ品種の特性です――が強い。

＊ワインの世界において、ヨーロッパ以外のワイン生産国をニューワールドと称します。詳しくは１３４ページを御覧ください。

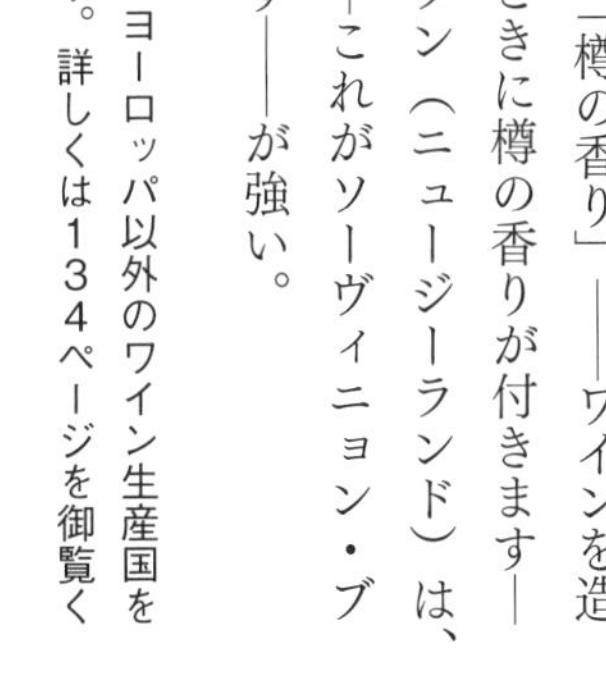

繊細な味のお刺身を食べるときは、そのような、強い香り・味わいのワインは合わないんです（「合わない」ということを実感していただく意味では、一度、お刺身と、これらの白ワインを一緒にお試しいただくのもいいかもしれません）。

そこで、香りや味わいの強くない――ブドウ由来の品種特性香も「弱い」白ワイン、言い方は悪いですが、どちらかというと、お水に近い感じのワインのほうがお刺身には合います。たとえばミュスカデや甲州などです。

ミュスカデと甲州は非常に似ているのですが、一番の違いは酸の量です。ミュスカデのほうが酸もミネラルもたくさん入っています（キリッとしています）。

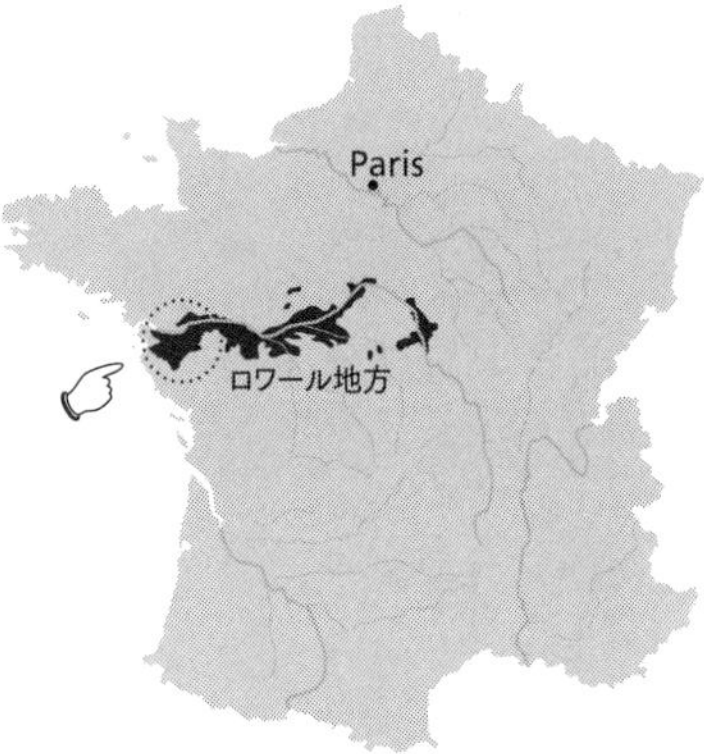

ミュスカデはフランスのロワール地方のワインで、ロワール河下流（☞）で造られます。

ミュスカデは、ブドウ自体の味わいが軽い……かなりすっきりしているので、ワインを造るときに滓《おり》と共に寝かせることで滓の旨味（香り）を付けることが多いんです。これをシュル・リー（滓の上）と呼びます。

シュル・リーすると滓の香り――イースト香のような酵母の香りです――や、吟醸香のようなフルーティーな香りのワインに仕上がります。

山梨県を代表するワイン、甲州も同じです。甲州とミュスカデは非常に似ていて、こちらも滓と共に寝かせることが多いワインです。ラベルに、「甲州シュル・リー」と書いてあるものもありますが、「滓の上で熟成したワインだよ」、という意味なんですね。シュル・リーしたワインと共に、お刺身をお醤油で食べると、お醤油の醗酵の旨味と、シュル・リーのイースト香がちょうど合い、旨味がそのまま口のなかに残って広がります。

お醤油ではなく、塩とオリーブオイルのシンプルな味付けで食べると、真鯛の甘味やミネラル感がよく感じられると思います。

「ミネラル」とは、元々の意味は「鉱物」です。食品栄養学的には、無機質、灰分のことで、食べ物だと特にカキやホタテのような貝類、

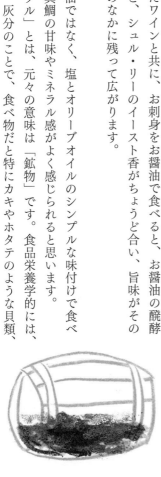

わかめや昆布などの海産物、あとはお野菜なんかに使いますよね。

では、ワインの味わいを表すときに使う「ミネラル感」って何?ということですが、私はワインでも食べ物でも同じだと思うのですが、「ミネラル感がある」とは、いい意味で酸味や旨味に「輪郭」があるときや「厚み」があるときに使います。単に酸味、旨味がある感じではなく、ミネラルがあることで、そこに輪郭や厚みがもたらされます。

お水でも、軟水と硬水を比べると、軟水はさらっとしてるのに、硬水は口に含んだときのニュアンスやのど越しに輪郭や厚みがありますよね。ミネラルによって、酸味はよりキリッとするし、旨味にはコクが出る——そんな質感を表わす言葉がミネラルです。意識して飲んだり食べたりしていると感じられるようになると思います。

ミネラルが多く含まれているワインには、同じくミネラルが多く含まれているお料理がよく合います。

たとえばフランス・ロワール地方のソーヴィニョン・ブラン。ソーヴィニョン・ブランのなかでも、「青い」香りが強いニュージーランドのものではなく、ミュスカデと同じロワール地方のソーヴィニョン・ブランにはミネラルがたくさん入っているので、真鯛によく合います（サンセール、プイイ・フュメ、カンシーなどが有名です）。

ソーヴィニョン・ブランは世界各地で作られている品種ですが、主にロワール、ボルドー、ニュージーランドのものが有名で、特にロワール地方の場合、土壌が石灰質のため、ワインにもミネラルが豊富に入ります。なので、お刺身のミネラルときれいに合うんですね。もちろんソーヴィニョン・ブランという品種の特徴である、青っぽい植物の香りもあるので、お刺身も、塩とオリーブオイルだけでシンプルに食べるよりも、カイワレやオニオンスライス、あるいはディルや香草といったハーブなどと一緒に、サラダっぽくして食べると、植物の香りという点で、ソーヴィニョン・ブランとよく合うと思います。

このようにお料理とワインの合う／合わないは、それぞれに含まれる香りを意識して、お互いを近づけていくことが重要になってきます。

ロワールのソーヴィニョン・ブランでなく、ニュージーランドのソーヴィニョン・ブランだと、先ほど言ったようにお刺身には合いにくいです。グレープフルーツの香りもきれいに出ていますが、ソーヴィニョン・ブランの「青さ」の部分もしっかり出すぎているので、生のお魚にはちょっと……ワインの個性が強すぎます。ただこちらもハーブとともにサラダ風にして、グレープフルーツや桃などを入れて、さらに味わいをふくよかにすると、ニュージーランドのソーヴィニヨン・ブランでもいいと思います。

　ちなみに、ロワールのソーヴィニヨン・ブランが作られる場所（）は、有名なブルゴーニュ地方のシャブリ地区から車で1時間半ぐらいです。

　では、シャブリも合わせてみましょう。真鯛はお刺身のなかでも味わいがやさしいので、シャブリの酸味のほうが勝っちゃいますね（シャブリについては59ページで詳しくお話しします）。ミュスカデや甲州のように、もう少し酸味がやわらかく、真鯛の旨味にそっと寄り添うようなワインのほうが合いますね。

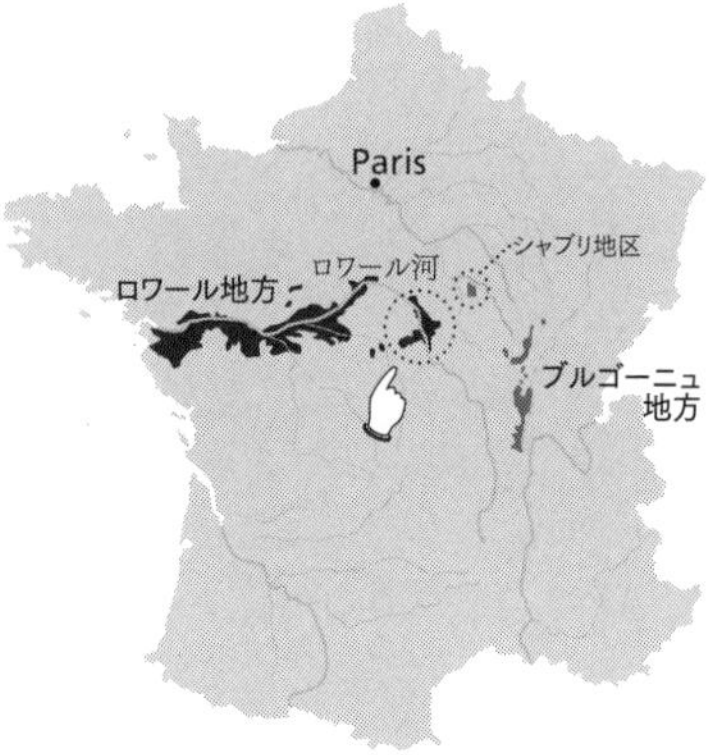

ホタテのカルパッチョ

次にホタテにいきましょう。真鯛とホタテの違いは、甘味とミネラル感です。真鯛は、貝の旨味とは違う、お魚の旨味（磯っぽさ）がすごくありましたが、ミネラルの感じは、ホタテのほうがより強いですね。ホタテは貝のなかでも、甘味があり、ミネラルのニュアンスがしっかり入っているので、同じくミネラルが感じられるロワールのソーヴィニヨン・ブランは合います（シャブリもミネラルつながりで合うと思ったのですが、こちらは少し酸が強すぎました）。

もしホタテをバターでソテーしたらブルゴーニュのシャルドネ——北のシャブリ地区ではない南のほうのシャルドネがバッチリ合います。ブルゴーニュのシャルドネにはM.L.F.の際に出てくるバターのようなナッツのような香りがきれいに表現されているものが多いので、非常に相性がいいですね。ソテーしたときの香ばしさも木樽由来の香りと調和するんです。

ホタテは、白身魚に比べるとワインの選択肢が広いです。味付けや調理法に合わせて、いろいろな白ワインを試してみると面白いと思います。

M.L.F.とは?

Malo-Lactic Fermentation(マロラクティック ファーメンテーション)の略です。マロはMalic acid(リンゴ酸)、ラクティックはLactic acid(乳酸)を表し、ファーメンテーションは醗酵という意味です。つまりM.L.F.とは、ワインに含まれるリンゴ酸が乳酸菌の働きで乳酸と炭酸ガスに分解されるという反応のことを指します。

具体的にどういう影響をワインに与えるかというと、まず1つめは、ワインの酸味を和らげてくれます。シャンパーニュ地方など寒冷地で造られるワインは、元々の酸味が強い傾向があるのですが、醸造過程においてM.L.F.が起こると、酸味の主成分であるリンゴ酸(二価のカルボン酸)が酸味の柔らかい乳酸(一価のカルボン酸)に変化するため、結果ワインの酸味が和らぎ、まろやかな口当たりとなります。

次に2つめ、生成した乳酸や、その他の代謝物由来の香りが、ワインの香りを複雑にします。よく言われるのはバター、アーモンドなど。最近ではこれらの香りを得ることが目的でM.L.F.をすることも多いようです。

最後に3つめ、ワインの品質を微生物学的に安定させることです。ワインにリンゴ酸が残っていると、微生物がそれをえさにするため、雑菌が増えてしまう可能性があります。乳酸菌がリンゴ酸を食べてくれると、他の雑菌が増えることができず安定化します。

元々この反応は自然に起こったり、起こらなかったりするものだったのですが、現在ではこの反応はワインの味わいや、品質の安定のために多くの赤ワインでコントロールして行われています。ただし、リンゴ酸が少ないと白ワインに求められるフレッシュさが損なわれる面もあるため、白ワインにはあえてM.L.F.を避ける生産者も多いです。

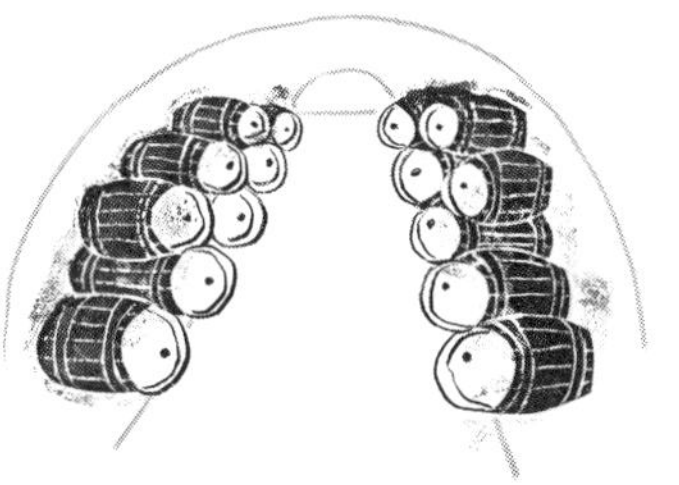

2 西京焼き

	リースリング	シャルドネ（アメリカ）	ピノ・ノワール（スパークリング・ロゼ）
銀鱈 西京焼き	◎		
鮭 西京焼き			◎
鶏・豚 味噌漬け	○	◎	◎

銀鱈の西京焼き

大根おろしとお醤油で食べるような、ふつうの焼き魚の場合、こちらもミュスカデや甲州などが合うと思います。シャルドネ（アメリカ）の樽の香りと、焼いた皮の香りを合わせる、という考え方もありますが、ただそこまでマッチするわけではないので、それなら日本酒のほうがおいしいかなと……。

ところが味噌漬けにして焼いたものになると、ワインともかなり相性がよくなります。味噌が持つ甘味と複雑さが、ワインによって膨らむイメージです。味噌の焦げた香ばしさも、ワインの樽香と合います。

とは言ってもやっぱりお魚（銀鱈）なので、樽の香りが強すぎると（樽が効きすぎているブリ）お魚の旨味がかき消されてしまいます。あと、酸味の強いシャルドネ（たとえばシャブリ）も、こちらはこちらで口のなかで味がばらけてしまいます。ワインの強い酸味と味噌の甘味があまり合いません……甘味と酸味が一体化しないんです。その点、日本のシャルドネだと酸も柔らかく、樽のほのかなかかり具合もあるため、お魚の皮の香ばしさとともに味噌の甘味が助長されるのでおすすめです。

ロワールのソーヴィニヨン・ブランだと、そのハーブの香りと、味噌の香りがバッティングしますね。逆にフランス・アルザス地方のリースリングは、お味噌の甘味を引き立ててくれます。アルザスのリースリングには酸もありますが、甘味もあるので、お味噌の甘味と上手にマッチします。

西京焼きでワインを飲むという発想は、なかなかなかったかもしれませんが、意外に味噌漬けしたものとワインは合うんですよね。お魚ではなく、鶏や豚の味噌漬けもおすすめです。特に、豚の味噌漬けになると脂身もあって味わいが力強くなるので、こちらは樽の効いたシャルドネ（アメリカ）が合います。

鮭の西京焼き

西京焼きのなかでも鮭。鮭は色がピンクですよね。そこで同じ色のワイン、スパークリングのロゼを合わせてみましょう。基本的に、料理の色とワインの色を合わせていくと、味わいも合ってきます。

スパークリングのロゼ、すごく合いますね。よくロゼワインのピンク色を「サーモンピンク」と言いますが、本当に同じ色です。

銀鱈に比べるとサーモンのほうがお魚の味わいが濃いので、白ブドウで造られる白ワインよりも黒ブドウで造られるロゼワイン――赤ワインほど濃くはないロゼワイン――とよく合います。このスパークリングのロゼは、アルザス地方で造られる、クレマン・ダルザスというロゼで、ピノ・ノワール１００％で造られています（「クレマン」については67ページを御覧ください）。ピノ・ノワールという品種は、黒ブドウのなかでは味わいが柔らかく華やかなので、それによって、鮭の味わいも一味違ってきます。

ふつうの泡のないロゼワインもいいですが、ただ泡があるほうが、焼いた皮の香ばしさ・味噌の香ばしさと、樽の香りが泡と共に鼻から抜けて風味を広げてくれるので、スパークリングのロゼ、しっかり系の味噌漬けにはおすすめです。

3 あさりの白ワイン蒸し

	シャルドネ（シャブリ）	ソーヴィニヨン・ブラン（ロワール）	シャルドネ（ムルソー）	グルナッシュ（ロゼ）
塩	◎			
山椒の実・ネギ		◎		
にんにく			◎	
にんにく・トマト			○	◎

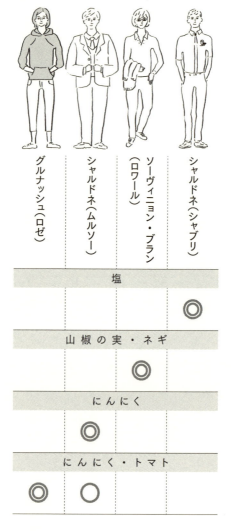

あさりの白ワイン蒸し

あさりの白ワイン蒸しを作るとき、どのワインで蒸すか？——なかなか蒸すワインについてまで考えませんよね？　もちろん日本酒でもいいですが、ワインの場合であれば、樽の効いたワインよりも、甲州くらいの軽めなワインのほうがいいと思います。樽が効いたワインだと、香りが強すぎてあさりの香りが負けてしまいます。

ベストはミネラル感の強いシャブリでしょうか。今回は、あさりとシャブリとお塩だけで（生姜などは入れずに）シンプルに作ったあさりの白ワイン蒸しに、同じシャブリを合わせてみます。

なぜシャブリがベストかといえば、余計なフレーヴァーは付けずに、シャブリのミネラル感があさりの旨味に輪郭を与えてくれるからです。シャブリ地区に行くとわかりますが、土壌が石灰質なんですね。貝殻がゴロゴロ交ざっているような、貝殻石灰の土壌なので、ミネラル感のあるキリッとしたいいワインができるんです。

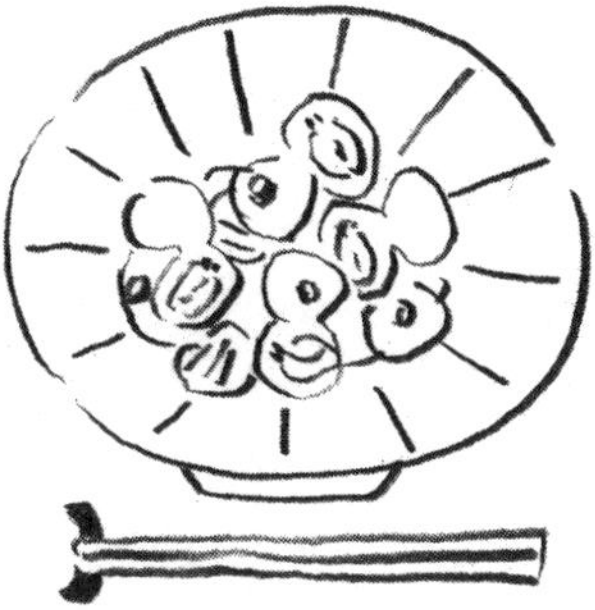

シャブリ地区は、ブルゴーニュ地方に分類されているんですが、地図を見ていただくとわかるとおり、ブルゴーニュ地方の北西のほうにぽつんと少し離れたところに位置します。すぐ隣りはシャンパーニュ地方です。

同じブルゴーニュでも南に位置する、たとえばマコン地区のシャルドネは少しトロピカルな果実味が出てくるのに対し、最北のシャブリ地区は気候も随分と冷涼となるため、果実味が控えめで、また石灰質土壌の影響もあり、酸味がキリッとした特徴のワインができます。

飲むためのワインであるシャブリをお料理に使うのはちょっともったいない気もしますが、でも白ワイン蒸しの場合、スープもいただきますからね。なので少しあさりを蒸すのに使って、それに合わせて冷やしたシャブリを飲む――最高です！　貝の旨味がシャブリを飲むと口のなかにじゅわっと広がり、一体感がすごいです。

お料理に使うワインと、飲むワインを同じにすると、やっぱり相性は抜群にいいです。後

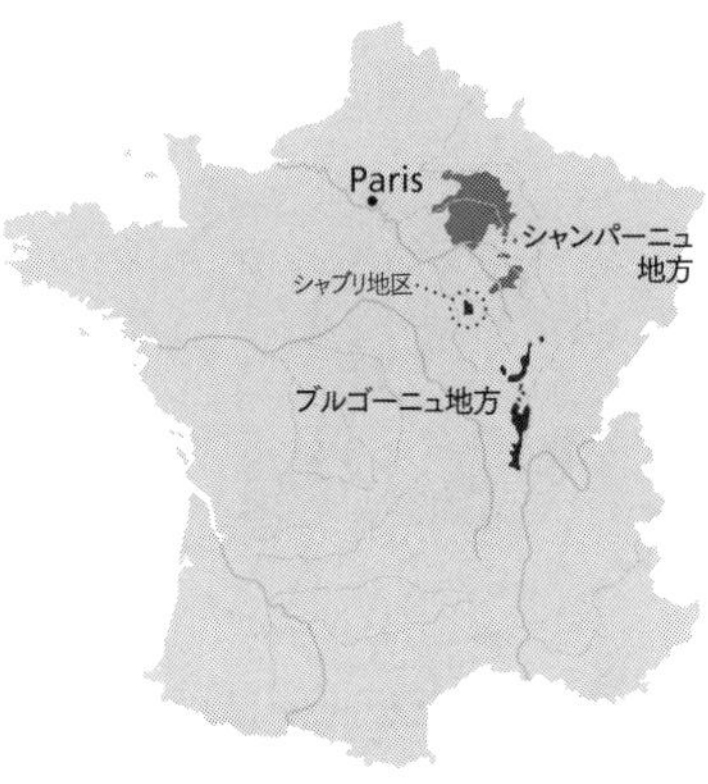

程詳しくお話ししますが、たとえばチーズフォンデュを作るとき——チーズを白ワインで溶いて作るのですが——その溶くワインと、飲むワインを同じにすることによっておいしさが倍増します。

シャブリ以外の場合——たとえばロワールのソーヴィニョン・ブランで蒸す場合は、そこに山椒の実やネギを入れると、より合います。ソーヴィニョン・ブランは植物の「青さ」があるので、料理にも多少「青い」要素を加えたほうがいいです。ロワールのソーヴィニョン・ブランはミネラルもきれいに入っているので、あさりともよく合いますね。

あさりの白ワイン蒸し（にんにく入り）

あるいは、にんにくを利かせて作るときなどは、樽の効いたブルゴーニュのシャルドネ。ブルゴーニュ地方の南のほうのシャルドネになると、果実味も豊かになるので、にんにくの強い香りにも負けずに合うと思います（樽の効いたシャルドネでも、アメリカやチリのシャルドネになると、樽の風味が強く味わいも濃いので、あさりの旨味がわかりにくくなります）。

そこにトマトを刻んだものをパッと散らして一緒に蒸したら、ロゼも合わせていけると思います。トマトは旨味が強く、甘味もあり、太陽をたっぷり浴びて凝縮感のある味わいなので、もちろん白ワインも合いますが、黒ブドウで造られたコクのあるロゼワインがベストだと思います。

たとえば、フランスのローヌ地方・南部のタヴェル・ロゼ（☞）。このロゼはグルナッシュという黒ブドウ主体で造られています。あさりの旨味にさらにトマトの旨味が足されているお料理なので、このロゼのコクとすごく合いますね。

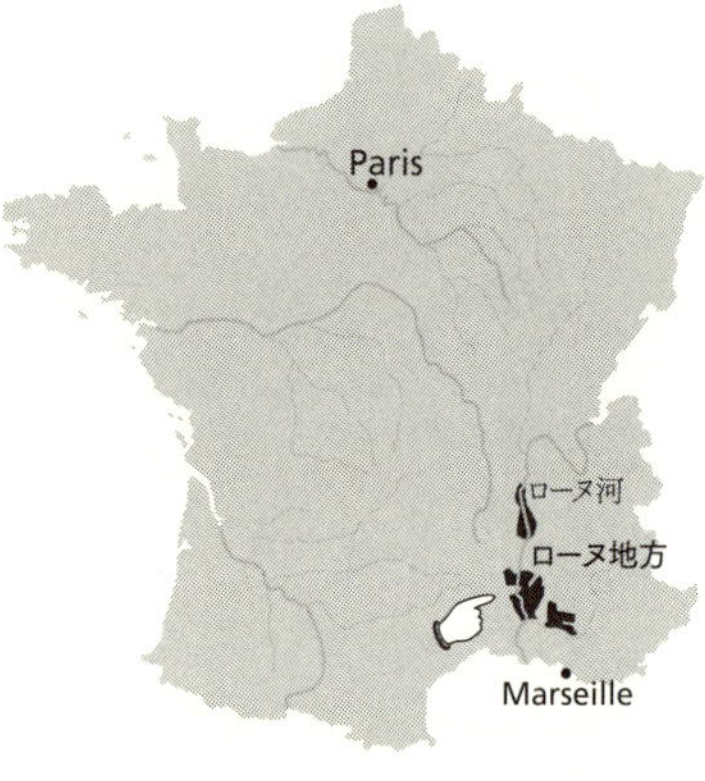

というわけで、あさり本来の旨味が出るのは、日本酒の酒蒸しか、ワインの場合は、ミネラルが豊富な土壌のワインがいいと思います。あとは、シャンパーニュ蒸し……もったいないですがおいしいです（笑）。気の抜けたシャンパーニュでもおいしくできるので、ぜ

ひ試してみてください。

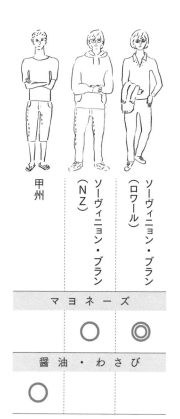

4 ちくわキュウリ

ソーヴィニヨン・ブラン（ロワール）	ソーヴィニヨン・ブラン（NZ）	甲州
マヨネーズ		
◎	○	
醤油・わさび		
		○

ちくわキュウリ

ちくわのなかにキュウリを詰めただけの非常にシンプルな前菜です。それをマヨネーズで食べます。お料理と言っていいのか……すごくお手軽にできるおつまみですが、じつはすごくワインに合うと私は思っているんです。

考え方としては、ちくわは白身魚ですね。そこに野菜（キュウリ）の青っぽさ、というわけで、先ほどからおなじみのロワールのソーヴィニヨン・ブランをまずおすすめします。ロワールのソーヴィニヨン・ブランは、酸味やミネラル、青みなど、さまざまな要素のバランスがいいので、何度も出てくることからもおわかりのように、本当にお料理に合わせやすいです。

ロワールは野菜がよく作られている地方で、アスパラガスが特に有名ですが、「アスペルジェ・ソース・ムスリーヌ」というアスパラをマヨネーズ風ソースと一緒に食べるお料理があります。あとは、生の白身魚にグレープフルーツやハーブを加えたようなサラダ。それらの料理とロワールのソーヴィニヨン・ブランはすごく合うんですね。

ですからちくわキュウリも、白身魚と緑の野菜で構成されていて、ソース・ムスリーヌのようにマヨネーズを付けて食べれば、やっぱりロワールの白ワイン、ソーヴィニヨン・ブランが一番合うか

なと思います。キュウリの青い感じともマッチしますね。

「ちくわキュウリ」という、どちらかというと居酒屋さん的なお料理にワイン？という感じだったかもしれませんが、ブドウ品種の個性——ミネラルが強いとか、酸が強いとか——をいろいろ考えていくと、ビールなどでなく、ワインでもけっこう合うものがたくさんあることがわかります。

　もしこのちくわキュウリをお醤油とわさびで食べるとしたら、やっぱり甲州でしょうか。あるいは、ブルゴーニュの軽く樽の効いたシャルドネ。ちくわの表面を焼いた香ばしさと合わせていけます。

　ただやっぱり、マヨネーズを付けてロワールのソーヴィニヨン・ブランというのがベストかな。

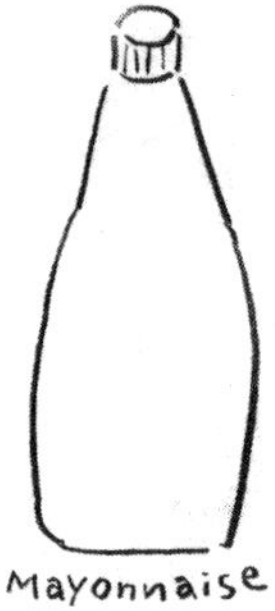

クレマンとは？

クレマンとは、フランスにおいて、シャンパーニュ地方以外で、いわゆるシャンパーニュ方式で造られるスパークリングワインのことです（詳しくは78ページを御覧ください）。ただしどこでも造れるわけではなく、法律で決められた7つの地域だけで生産が認められています。クレマン・ダルザス、クレマン・ド・ブルゴーニュ、クレマン・ド・ロワールくらいが日本でも手に入りやすいでしょうか。

面白いのは、シャンパーニュは主にシャルドネ、ピノ・ノワール、ピノ・ムニエといったブドウ品種を使って生産されますが、クレマンはその地域のブドウ品種が使われるため、地域ごとに特徴の異なる、個性豊かな泡が楽しめます。

例えばクレマン・ド・ロワールだとシュナン・ブランやソーヴィニョン・ブラン主体で香り豊かなものが多いですし、クレマン・ド・ボルドーになると、ソーヴィニョン・ブラン、セミヨンのほかカベルネ・ソーヴィニョンを使ったものまで！　シャンパーニュよりぐっとお手頃なお値段ですし、バラエティも豊富ですので、お好みの1本を探すのも楽しいです。

5 水菜のサラダ

	ソーヴィニヨン・ブラン（ロワール）	ソーヴィニヨン・ブラン（NZ）	グルナッシュ（ロゼ）
ツナ・マヨネーズ	◎	○	○
ツナ・マヨネーズ・果物・玉ネギ・黒コショウ	○	◎	○
カリカリベーコン・トマト・酢・オリーブオイル	○	○	◎

水菜のサラダ（ツナ・マヨネーズ）

この水菜のサラダは、私がよく自宅で作る大好きなサラダです。水菜とツナとマヨネーズ、そこにちょっとレモンを絞って塩を振って軽く和えただけの簡単なサラダですが、これがすごくおいしい。

ニース風サラダとちょっと近い味かもしれませんが、これに合わせて、またまたソーヴィニョン・ブランを飲んでみましょう。やっぱり緑の野菜とすごく合う白ワインですね。

今のところ赤ワインが一切出てきてませんが、やっぱりこれまでの魚介系の前菜（ツナもちくわも魚介系ですので）には赤ワインは合いにくいです。魚介系でも、ソテーなど、火を加えたものであれば、赤ワインでも合うものもあります。やっぱり生だと、マグロなど赤身のお魚で、且つ、しっかりした味付けのお料理以外、赤を合わせていくのは厳しいものがあります。

ロワールのソーヴィニョン・ブラン、やはり合いますね。ツナの旨味を残しつつ、水菜の青みともよく合いますし、スーッと最後にマヨネーズの油も消してくれて、何の違和感もなく、溶け込んでいく感じです。


水菜のサラダ（ツナ・マヨネーズ）＋果物など

同じソーヴィニョン・ブランでも、ニュージーランドのソーヴィニョン・ブランもいけます。こちらのほうがロワールよりも、より緑の香りが濃い。先ほどのちくわキュウリでは、ちくわの繊細な白身っぽい部分には、ニュージーランドのソーヴィニョン・ブランは味わい、香りともにちょっぴり強すぎたのですが、こちらは料理にツナが入り、味わいにぐっと強さが出るため、ワインに強さがあっても合いますね。

でもちょっとワインの柑橘系の香りや青みの香りも強すぎるので口のなかでワインのほうがやや勝ってしまいます。ですので、このサラダに、もうちょっとパンチを加えて、グレープフルーツ、黒コショウ、玉ネギのみじん切りなどを入れたりして味わいを強くしたら、ばっちり合うようになりますね。

実際にご家庭で、料理とワインを合わせてみて、「ワインの味わいがやや強いな、料理の味がかき消されてしまって、口のなかがワインだけの後味になってしまうな」という場合は、その料理に何か（スパイスや薬味など）を加えて、ワインの味わいと合わせていくと、とてもおいしくいただけると思います。

水菜のサラダ（オリーブオイル）＋ベーコン・トマト

じゃあ、次に先ほどの水菜のサラダのバリエーションでよくやるのが、ベーコンをフライパンでじっくり炒めてカリカリにしたものとトマトを塩こしょうとオリーブオイル、ヴィネガーで和えたものです。こちらもあくまでも、青みの香りが主体の水菜がベースなので、ロワールのソーヴィニヨン・ブランは違和感がなく、すーっと合いますね。

ニュージーランドだとちょっと果実味が過剰な気もしますが、こちらも悪くない。しかし、一番ぴったりくるのはタヴェル・ロゼ（グルナッシュ・ロゼ）ですね。ベーコンの香ばしい風味やトマトの旨味をしっかり受け止めて、味わいをまとめてくれます。

ワインが軽すぎず重すぎず、このサラダとちょうどいいバランスで、軽やかに食べ進んでいけますね。

タヴェル・ロゼ、ツナとマヨネーズのときもいいバランスです。果物を加えたときはちょっと合いませんね。ワインのドライさと渋みが、果物とあまり合わない。ニース風サラダ的な、アンチョビの塩っけやトマト、オリーブのニュアンスがあると、タヴェル・ロゼはベストマッチですね。

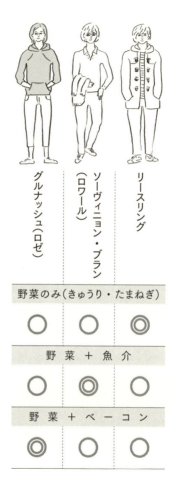

6 ポテトサラダ

	リースリング	ソーヴィニヨン・ブラン（ロワール）	グルナッシュ（ロゼ）
野菜のみ（きゅうり・たまねぎ）	◎	○	○
野菜＋魚介	○	◎	○
野菜＋ベーコン	○	○	◎

ポテトサラダ（野菜）

ポテトサラダは万能選手で、幅広くいろんなワインと合います。合わないワインを探すほうが難しい……というくらい、いろんなワインに合わせやすいと思いますが、具に魚介を入れるか、あるいはベーコンを入れるかで、微妙に違ってきます。

シンプルにお野菜だけのポテトサラダの場合、まずはアルザスのリースリングから。確実に合う感じです。シャルドネもいけます――シャブリもいいですし、ブルゴーニュの南のほうのフルーティーな香りのするようなシャルドネもいけます。

他に、たとえばローヌ地方・北部の白ワイン（☞）。黒ブドウのシラーから造られるクローズ・エルミタージュという有名な赤ワインがありますが、そのクローズ・エルミタージュの白もいいと思います。

これは、マルサンヌ、ルーサンヌという白ブドウ2品種をブレンドして造られる白ワインで、華やかな白い花のような香りが特徴的です。ローヌ地方はフランスでもかなり南のほうに位置するため、南のブドウの特徴――つまり「ブドウが太陽を浴びて、しっかり熟した感じ」も出ています。ポテトサラダはじゃがいものホクホク感もあって、マヨネーズのコクもあるので、しっかりした白ワインと合わせやすいですね。

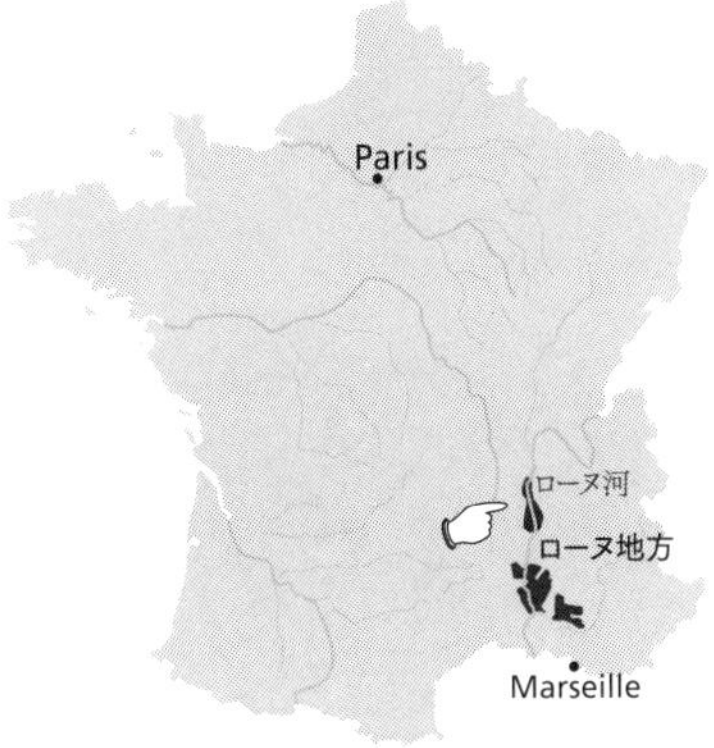

ポテトサラダ（魚介入り）

次にタコ、イカ、エビなどが入った魚介のポテトサラダに合わせてみましょう。やっぱり一番合うのはソーヴィニョン・ブラン（ロワール）ですね。味わいも魚介のミネラル感ともしっくりくるし、ソーヴィニョンのさわやかなハーブ香が魚介の風味をより豊かにしてくれます。

ポテトサラダ（ベーコン入り）

もちろん、ポテトサラダには、ロゼワインも赤ワインも合います。

ポテトサラダではないふつうのサラダ――葉っぱのサラダにマヨネーズだけだと、赤ワインの強さのほうが目立ってしまいますが、じゃがいもであればホクホクしたふくよかさのおかげで相性は悪くないです。特にベーコンを使ったりして肉の脂も感じられると、白ワインよりもロゼのほうがむしろ合うかもしれません。先程出てきた、グルナッシュという黒ブドウ主体で造られるローヌ地方・南部のタヴェル・ロゼ、かなり合いますね。

ポテトサラダをおつまみのメインとしてたくさん食べるんだったら、赤ワインより白ワインのほうがいいかもしれませんが、お肉の付け合わせとして食べるのなら、赤がより合うという感じでしょうか。

ポテトサラダはスーパーのお惣菜にもよくありますし、コンビニエンス・ストアでも売っているので、ワインを飲みたいときのおつまみとして、一品加えるのに最適ですね。外れはないでしょう。

ワインの造り方

赤ワインは黒ブドウから造られます。黒ブドウとは皮が紫色をしたブドウのことです。ただし、巨峰やデラウェアを思い出してもらうとわかるように、果肉は白色ですよね。つまり赤ワインの色は皮から出てきたものです。

赤ワインは、黒ブドウをつぶしたあと、すぐに搾らず、ブドウジュースと皮や種などを一緒に漬け込んだ状態で、アルコール醗酵が始まります。アルコール醗酵とは、ブドウに含まれる糖分が酵母の働きにより、アルコールと二酸化炭素に分解される反応のことを言います。醗酵が終わってから搾ると、皮に含まれていたアントシアニンなどの色素が液体に移り、赤ワインの色となります。

　次に白ワイン。白ワインは白ブドウ、または黒ブドウから造られます。先ほどの赤ワインと同様にまずブドウをつぶしていくのですが、違うのはアルコール醗酵の前に搾って、ジュースから皮や種を取り除いてしまいます。そうすると白ワインらしいすっきりとした味わいになるんです。

　黒ブドウで造ったとしても皮の色がジュースに移る前にすぐにやさしく搾ると、黒ブドウからも白ワインが造れるんです（ちょっとだけピンク色がワインに移ることがありますが）。あとは赤ワインと同じようにアルコール

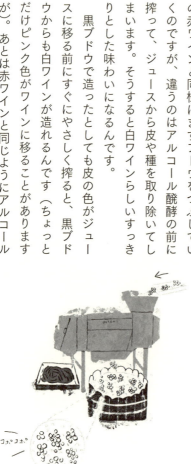

醗酵をさせるとワインになります。

　ロゼワインはどうでしょうか？　白ワインと赤ワインをブレンドして造ると思っている方もけっこういらっしゃるんですが、基本的にヨーロッパでは禁止されています。ではどうやるかというと、一番多いのはセニエ法、フランス語で「血抜き」を意味する言葉です。つまり赤ワインを造る要領でブドウジュースと皮、種などを一緒に漬け込んでいる際に、ジュースにある程度色素が移り、好みのロゼ色になったところで、液体を抜くんです。その液体をアルコール醗酵させるとロゼワインができます。

　他には直接圧搾法といって、黒ブドウから白ワインを造る要領でワインを造ります。その際にしっかり搾ると皮の色素がジュースに移り、淡めのロゼワインができます。

　もうひとつ混醸法というのがあって、最初に黒ブドウと白ブドウの実をいい割合にブレンドして、それを赤ワインを造る要領で醸造する方法です。白ブドウが

入っている分、紫色が薄くなってロゼワインになるということですね。

ちなみにスパークリングワインの泡ってどこからくるか知っていますか？

一番の王道はトラディッショナル方式と言われるもので、いわゆるシャンパーニュ方式です。ワインを造って瓶詰めする際に、ちょうどいい具合に調整した酵母と糖分を加えて栓をするんです。すると瓶のなかで酵母が糖を分解して、アルコールとともに二酸化炭素が発生します。これを瓶内二次醗酵と言います。

このときの炭酸ガスが、逃げ場がなく、ワインに溶け込むことでスパークリングワインとなります。この方法だと、泡がきめ細かくワイン

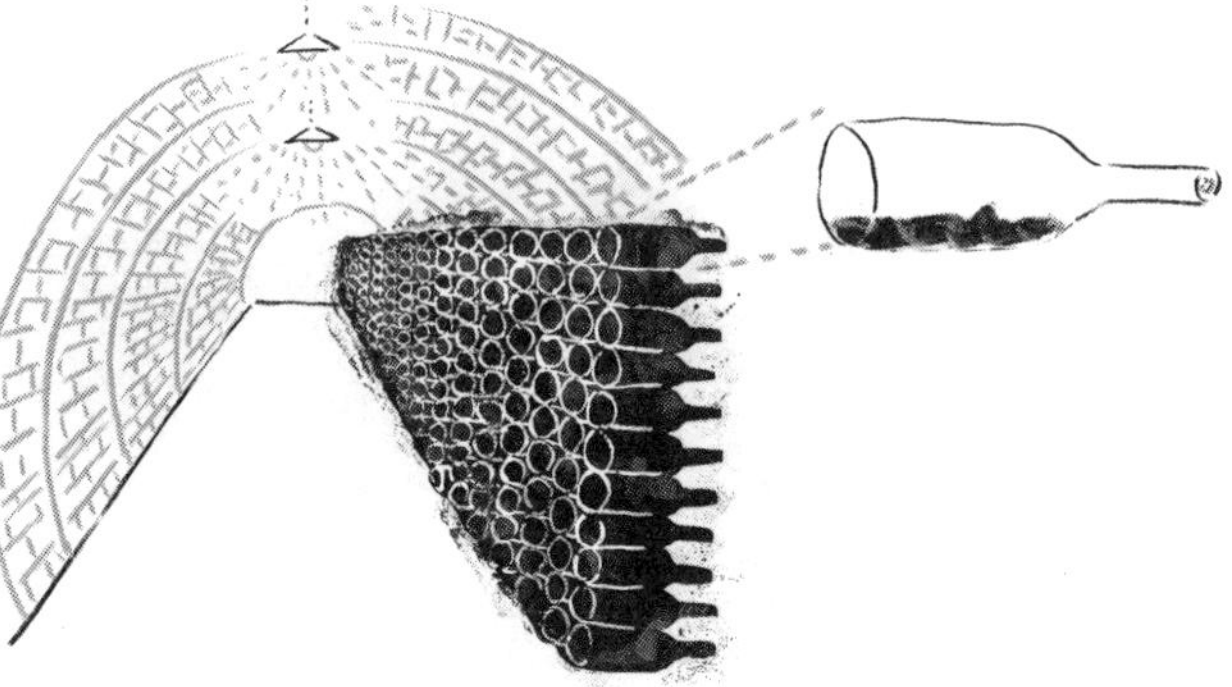

に溶け込み、香りや味わいも深みが増すのですが、手間も暇もかかるため、シャンパーニュを始め、高級なスパークリングを造る際に用いられる方法となっています。

ほかにはシャルマ方式といって、ワインを大きなタンクで密閉し、そのなかでまとめて二次醗酵をしてから瓶詰めをするもの、さらには炭酸ガス注入法といって瓶につめたワインに直接炭酸ガスを加える方法なんかもあります。

7 とんかつ

	シラー	グルナッシュ	ピノ・ノワール	シャルドネ（アメリカ）	シャルドネ（ムルソー）
塩・レモン				◎	◎
ソース			◎		
かつとじ（かつ丼）	○	◎			
牛かつ	◎				

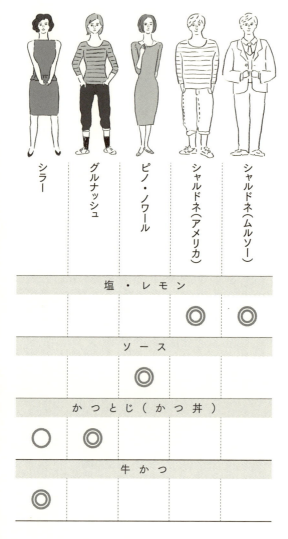

とんかつ＋塩

ここからいくつか、揚げ物（フライ）とのマリアージュについて試していきたいと思います。

まずは豚肉——とんかつです。これも何を付けて食べるかで合わせるワインが替わります。ふつうはソースを付けて食べるほうが多いと思いますが、ワインのおつまみということで、最初はシンプルに塩とレモンで食べてみましょう。

塩で食べるときは白ワイン——酸味があり樽も効いているシャルドネ（ムルソー）がとても合うと思います。基本的に、衣を付けて揚げたものは、樽の香ばしさのあるワインと合います。揚げ物のなかでも豚肉は色の白いお肉なので——牛肉や鴨のような血の感じのある赤いお肉ではないので——塩で食べると、シンプルな分、豚肉の香りがきれいに鼻に上がってきます。豚のおいしい脂を樽の香りと甘味が引き立ててくれて、最後にシャルドネの酸がきれいに脂を流して消してくれます。

樽の効いたシャルドネ（特にニューワールド）は、白ワイン

のなかでお刺身には合わない代表でしたが、とんかつのようなボリュームのある味わいになるととてもよく合いますね（とは言え、とんかつは牛肉の赤ワイン煮みたいな濃厚さはなく、お肉料理のなかではわりとあっさりしているので）。アメリカやチリなど、ニューワールドのシャルドネは、酸味はムルソーに比べて弱いですが、かなり樽が効いていますので、こちらもよくとんかつに合います。

とんかつ＋ソース

お肉料理なので、赤ワインも試してみましょう。まずは軽めの、ブルゴーニュの赤から。ブルゴーニュの赤（ピノ・ノワール）だと、揚げた衣とはよく合いますが、ちょっと豚の味わいが消えてしまいますね。

ピノ・ノワールを合わせる場合は、塩ではなく、ソースを付けて食べるほうがおすすめです。ソースには野菜や果物からくる甘味や旨味がしっかり入っているので、白ワインだとちょっと受け止めきれない感じですが、赤ワインの果実味には合いますね。

ただし、同じ赤ワインでもシラーのような力強い、スパイシーなワインになると再び豚の旨味が消えてしまいます。もし豚じゃなくて牛のかつだったら、シラーや、あるいはボルドーの赤（カベルネ・ソーヴィニョン）などが合ってくるかなと思います。

ピノ・ノワールで造られたワインは、他の赤ワインのように濃くならず、透明感がありますす。味わいも、酸味があり軽やかなので、どちらかというとシンプルなお料理と合わせやすいです。ちなみに王道のブルゴーニュの極上品は野鳥と合わせたり、コクのあるお肉の煮込み料理などとも合わせます。

かつとじ

では次に、かつとじ――かつ丼の上の部分ですが、お醤油と卵、玉ネギやお出汁も入っているので、まろやかですけど、ソースのコクとは違ったかたちで味わいはしっかりしています。シラーもいいと思いますが、もっと合うのはグルナッシュでしょうか。

シラーだと卵のまろやかさに比べて、ワインのスパイシーさのほうがやや勝ってしまう印象がありますが、グルナッシュだと、グルナッシュの果汁感――南のほうで育ったブドウが持つふくよかさと、卵とお醤油からくるコクがすごく合いますね。

フランスでは、シラーはローヌ地方の北部、グルナッシュはローヌ地方の南部で主に栽培されています。シラーもグルナッシュも温暖な気候を好むブドウ品種で、どちらもしっかりとした果実味が特徴ですが、シラーのほうが酸味も渋みもより強く、グルナッシュのほうがまろやかな印象が強いです。ちょうどボルドー地方のカベルネ・ソーヴィニョン（強い）とメルロ（まろやか）の関係に似ていますね。

塩だけのときは抜群に合っていた樽の効いたシャルドネは、かつとじになるとちょっと負けますね。とんかつは、塩かポン酢で食べるなら、白ワインがいいですが、ソースをかけたり、あるいは卵でとじて味をしっかり付けると、赤ワインがいいですね。

ブルゴーニュの高級白ワイン

ムルソーは銘醸地ブルゴーニュのなかでも、ピュリニィ・モンラッシェ、シャサーニュ・モンラッシェと並び、最も人気のある白ワインの銘柄のひとつです。

ムルソーの特徴はというと、この3つの銘柄のなかでは、味わいがもっとも柔らかく、且つ芳醇で、香りにヘーゼルナッツやバターなどが感じられ、樽もしっかり効いているものが多いです。ちなみにムルソー村には意外にもグラン・クリュの畑はないのですが、素晴らしいプルミエ・クリュが多数存在します（格付けについては140ページを御覧ください)。

ついでに他の2つの銘柄の特徴も簡単に。ピュリニィ・モンラッシェは、ほかの2つと比べると果実味が少し控えめな分、強靭なミネラルと酸が全面に現れてくる感じがします。エレガント且つ繊細な白ワインで個人的には一番好きです。

最後に、シャサーニュ・モンラッシェ村はピュリニィ・モンラッシェ村のすぐ南に位置します。香りには白桃や洋梨のニュアンスが漂い、ピュリニィと比べるとミネラルや酸味はやや丸みがあって穏やかなのが特徴です。

ちなみに、よくモンラッシェって聞くと思うんですが、これはピュリニィ、シャサーニュの両村にまたがって存在する特級畑の名前です。白ワインの最高峰と言われ、お値段も白ワインのなかでもっとも高級と言えます。村名ワインのことを略していうときは、「モンラッシェありますか?」ではなく、「ピュリニィ（シャサーニュ）ありますか?」っていうのが正解となります。同様に「シャンベルタンありますか?」っていうとグラン・クリュが出てきてしまいますので、「ジュヴレありますか?」が正解です!

8 フライ①（お肉系）

	リースリング	シャルドネ（アメリカ）	シャルドネ（ムルソー）	シラー
	しそ巻揚げ			
豚肉	○			
	チーズ			
チキンカツ	◎	○	◎	
	ソース			
メンチカツ				◎
コロッケ	◎			

豚肉のしそ巻揚げ

とんかつ以外のお肉系のフライについて、合うワインを考えてみたいと思います。まず、豚肉のしそ巻揚げ――ちょっとマニアックですが、単に私が好きな料理なので取り上げました（笑）。

リースリング、合いますね。樽の効いたアメリカのシャルドネを合わせてみると、樽の香りがちょっときつい感じになりますね。しその清涼感が入った分、あとお肉自体が薄切りにしたものをロールしてから揚げているためか、脂のニュアンスが軽く感じられます。そのため合わせるワインもとんかつのときよりも清涼感や軽やかさのあるものが合うようになるんでしょうね。

チーズチキンカツ

ささみのさっぱりした感じには、こちらもリースリングがいいですね。ですが、味わいはやさしいとはいえ、熱々のチーズと衣の揚げた香ばしいフレーヴァーにはシャルドネも合いそうです。

アメリカの樽の効いたシャルドネだとちょっとだけ、樽の香りや果実味が強すぎるでしょうか。チーズが入っているけれども、ささみがあっさりしてるので、ブルゴーニュのシャルドネのほうがいいかな。そのなかでも村名レベルのちょっとお高めのワイン（たとえばムルソー）ではなくて、ふつうの地方名のA.C.ブルゴーニュなどのお手軽な白ワインで十分楽しめると思います。

これが村名クラスやそれより上の畑名クラスのワインになると（格付けについては142ページを御覧ください）、香りがぐっと芳醇になり、ワインのほうが勝ってくる感じ……。そうなると挟むチーズをフランス産のもう少しコクのあるチーズに替えるとバランスがとれそうです。あとはたとえば、思い切って、ややクセのある旨味が特徴の牛乳原料のウォッシュ・タイプのチーズ、エポワス・ド・ブルゴーニュにしたりすると、ブルゴーニュの高級な赤にも負けず、しっかり合いそうです。

チーズがなくてささみだけ（ささみフライ）で、塩とレモンでさっぱりと食べる場合は、重めのワインだとささみの繊細さが消えてしまうので、やはりキリッとしたシャブリなんかがいいと思います。ピノ・ノワールでも果実味やタンニンがまだ強すぎてしまう。ピノ・ノワールで強いとなると、品種的には黒ブドウより白ブドウのほうが合いますね。

メンチカツ

メンチカツはやっぱりソースで食べたいので――先ほどのとんかつ同様――赤ワインを合わせましょう。メンチカツは牛肉（あるいは牛と豚の合い挽き）なので、ロースカツよりも肉のジューシーさがさらに出てきますね。ですから、とんかつよりも、強めの赤ワインのほうが合うと思います。

特にコショウを利かせたメンチカツだと、シラーがすごく合います。シラーは、スッーとするミントっぽさや、ピリッとしたスパイシーさがある赤ワインなので、お肉の脂やコショウととてもよく合いますね。かつとじにはシラーよりもグルナッシュが合いましたが、メンチカツ（＋ソース）にはグルナッシュよりもシラーがばっちりです。

コロッケ

ちなみに、お肉が少し入ったふつうのコロッケ、やっぱりリースリングが合いますね。同じ揚げ物のなかでもじゃがいもだとお味がやさしいですから。リースリングはじゃがいも

料理と本当によく合います。

リースリングが作られるフランスのアルザス地方は、郷土料理にじゃがいもを使ったものが多いんです。アルザスではお馴染みのシュークルートやベッコフにじゃがいもは必需品ですし、茹でたじゃがいもにアルザスのマンステールというウォッシュタイプのチーズをのせたものや、ベーコンや玉ネギとじっくり炒めたものなど、料理の付け合わせや主食に大活躍です。

鶏じゃが

ここで、私が大好きで、アルザスのリースリングとも相性がバッチリで、しかも手軽に作れる「鶏じゃが」というオリジナルのじゃがいも料理をご紹介いたします。とは言っても私が考えたお料理ではなくて、もともと友人でフードスタイリストの飯島奈美さんが自宅で作ってくれたお料理なんですが、本当に簡単でおいしいんです。

作り方は、鶏もも肉1枚、キャベツ1／4個、じゃがいも2個をごろっとした大きめの一口大に切っておいて、まず鶏もも肉に軽く塩で下味を付けてから、フライパンにオリーブオイルをひいて皮目を中火でかりっとするまで焼きます。そこにじゃがいもとキャベツ、お水100ccを加えてふたをして、15～20分ほど中火にかけます。途中、水分がなくなってしまったら少しずつお水を足してください。

じゃがいもにすっと串が通るようになったら、ふたを少しずらして開け、水分を飛ばしながらさらに10分くらい中火にかけて、仕上げに塩コショウで味を決めたら出来あがりです。焦げないように火加減と水分を調整するくらいで、あとは本当に簡単なんですが、じゃがいもが鶏の旨味とキャベツの甘味を吸収して、じわーっとした滋味あふれる美味しさに仕上がっています。

これが本当にアルザスのリースリングに合うんです。で、よく考えてみると、これって先程出てきた、アルザスの郷土料理、「ベッコフ」に似てるからなんですね。

ベッコフは、お鍋にうさぎや仔羊、牛肉などのお肉とじゃがいもなどのお野菜を入れ、上からリースリングを振りかけ

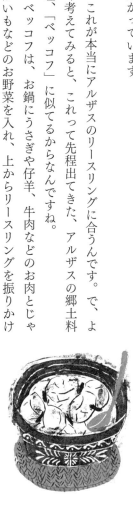

てから、ふたをしてじっくり煮込んだものです。シンプルですが、滋味深いアルザスの家庭料理で、非常にリースリングと相性のいいお料理です。

元々ベッコフは「パン屋の窯」を意味するんですが、アルザスの人たちが先ほどのような具を入れた鍋を近所のパン屋さんに持ち込み、パンを焼き終えた窯の余熱でコトコト煮込んでもらったのが始まりと言われています。ちなみに余ったパンの生地でふたを密閉してくれたそうです。

シュークルート・ガルニもアルザスを代表する郷土料理のひとつです。

こちらは千切りにしたキャベツに塩をして、重しを乗せておくと自然醗酵して、キャベツの酢漬け状のものができます。しかし温度管理がけっこう繊細で作るのが難しいので、市販のものを使うという手もありますが、専門店に食べに行ったほうがいいかもしれません。

この醗酵キャベツがシュークルートなんですが、ザワークラウトって言ったほうがイメージできますかね。それで、ガルニの部分はいろんなパターンがあって、ふつうは豚バラ肉の塩漬けだったり、ソーセージだったりするんですが、お肉がこってりでも、シュークルートの酸味と箸休めのじゃがいものおかげで飽きずにいっぱい食べられます。

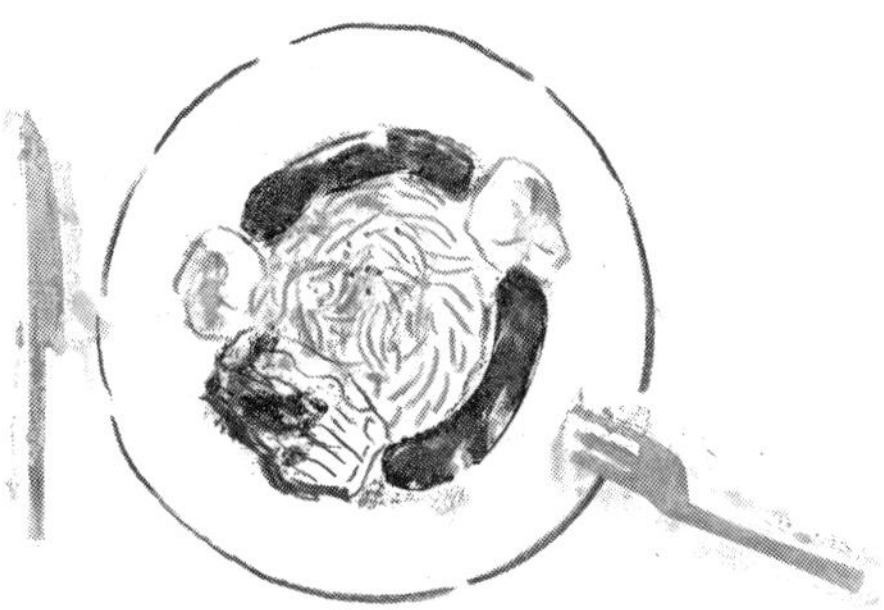

9 フライ②（魚介系）

		ガルガーネガ（ソアヴェ）	シャルドネ（シャブリ）	シャルドネ（アメリカ）	グルナッシュ（ロゼ）
エビカツ	レモン		◎		
	タルタルソース	◎	○	◎	
カニクリームコロッケ	トマトソース	○		◎	◎
カキフライ	レモン		◎		

エビカツ

お肉系の揚げ物の次は、魚介系の揚げ物です。これはやっぱり白ワインが合います。まず、本書初登場の白ワイン、イタリアのソアヴェ。ブドウ品種はガルガーネガというイタリアの土着品種(もともとそこで作られていた品種)です。

ソアヴェは、イタリアのヴェネト州(州都はヴェネチア)のワインで、ミネラル感がたっぷりあるのが特徴です。ただイタリアらしく、太陽を浴びてブドウが熟した感じ——ふくよかさやトロピカルフルーツのような香りも少し出てきますから、そこがフランスのシャブリとの違いです。シャブリもソアヴェもミネラルが豊富なので、エビのミネラル感とよく合いますね。

たとえばエビカツを食べるとき、レモンをさっと絞っただけだと、シャブリが合いますが、タルタルソースを付けて食べるとソアヴェのほうがいいですね。シャブリの強い酸味よりもソアヴェのまろやかさのほうがタルタルソースの濃厚さと合います。

エビカツ+タルタルソースですが、アメリカのシャルドネも合わせてみましょう。

シャルドネの酸はエビのミネラルに、樽香は衣の香ばしさにとてもよく合います。タルタルソースのようなまろやかさは、アメリカのシャルドネともよく合いますね。

タルタルソースにはピクルスやゆでたまごも入っているので、酸味も味わいもしっかりしていて、そういう意味でもアメリカのシャルドネに負けてないです。

カニクリームコロッケ

次に、カニクリームコロッケです。ソースをかけず、さっとレモンだけの場合は、シャブリというよりブルゴーニュの南のシャルドネ——シャブリよりも酸味が少なく果実味が豊かになります——のほうが合います。

次にトマトソースで食べてみましょう。先ほどのエビカツ+タルタルソースと、味の要素が似ているので、やはりここも樽の効いたシャルドネは合いますね。ソアヴェもいいですが、ソアヴェにはエビカツのほうがよく合いますね。

カニクリームコロッケのほうはクリーミーさも出てくるため、樽を効かせたシャルドネのような、パンチがあるふくよかな白ワインのほうが合います(ソアヴェはそんなに樽は効いてませんので)。揚げ物に、樽の効いたシャルドネ、王道ですが、トマトの要素が入ってくるとロゼワイン、たとえばグルナッシュで造られるタヴェル・ロゼなどもいいですね。

カキフライ

カキはフライにしても、口に入れて噛んだときに、磯の香りがしっかりありますので、シンプルにレモンで食べるとしたら、ミュスカデやシャブリくらいさらっとした白ワインでもけっこう合います。カキの存在感がしっかりあるので、さらっと合わせるくらいでちょうどいいかもしれません。

タルタルソースを付けると、カキの風味と揚げた衣とタルタルの3要素でがっつり組み合う感じになるため、こうなるとソアヴェくらいで流すよりは、シャルドネのなかでもブルゴーニュの村名クラスの白ワインで受け止めたいですね。すごく合います。

ソースを付ける場合も赤ワインだとやはりカキの風味とは合わせにくい……。軽めのピノ・ノワールもそんなに悪くはないですが、タヴェル・ロゼくらいがちょうどいいです。カキの風味も損なわず、ソースにも負けていない。いい感じに流してくれますね。

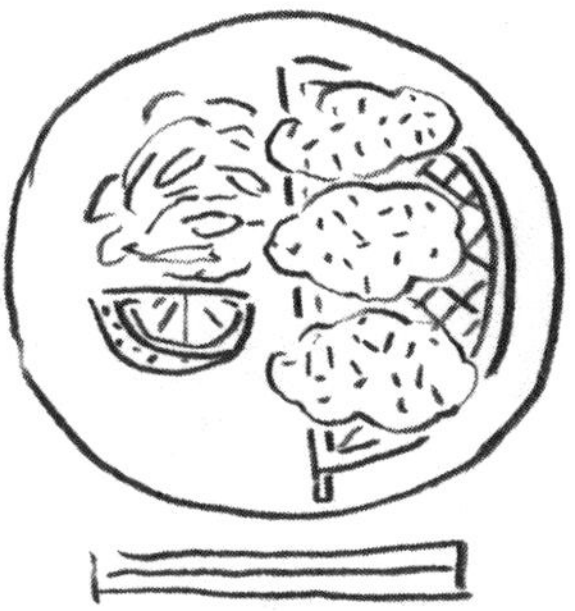

10 から揚げ

	リースリング	ピノ・ノワール（スパークリング・ロゼ）	ピノ・ノワール
塩味	◎		
梅酢味	◎	◎	
醤油味			◎

から揚げ（塩味）

から揚げを3種類の味付けで食べてみたいと思います。

まず塩味。これは塩とお酒のみで下味をつけたもので、お醤油も生姜も入れていないから揚げです。すごくおいしいのでおすすめです。鶏肉も、豚肉と同様、白い色のお肉なので、シンプルな味付けの場合、赤ワインよりも白ワインのほうがいいと思います。

とんかつの衣はパン粉でしたが、から揚げの衣は小麦粉です。揚げたとき、パン粉のほうがより香ばしさが出るため、樽を効かせたシャルドネが合いましたが（ちなみに樽を焦がした香ばしい香りをフランス語で、パン・グリエ＝焼いたパンと表現します）、から揚げになると衣が小麦粉なため、味わいが繊細になります。ですから、もう少しやさしめの、樽が効きすぎてないワインのほうがいいと思います。

というわけで、まずは樽の効いていないシャルドネ、シャブリで試したいと思いますが、ボディがちょっと軽すぎるのと、酸もしっかり強いので、口のなかで鶏のジューシーさとあまりいいマリアージュになりませんね。

イタリアのソアヴェもちょっと合いません。この塩味だけのから揚げは鶏の旨味がストレートに出ているので――鶏には鰹節のイノシン酸や昆布のグルタミン酸のような、そういう出汁っぽい旨味があるので――それを邪魔しないワインがいいと思います。ソ

アヴェだと邪魔はしませんが、旨味が広がっていきませんね。

ということでリースリング、鶏のジューシーさとリースリングの酸味や果汁感がとても合います。アルザスのリースリングくらいしっかりとしたボディがあると、鶏のジューシーさにも負けないし、豊かな柑橘の香りで鶏の香りを包んでくれます。塩味のから揚げはリースリングが一番合いますね。

から揚げ（梅酢味）

次は梅酢味で食べてみましょう。えっ、梅酢味?と思われる方もいらっしゃるかもしれませんが、これがまた、おいしいんです。作り方は簡単で、梅酢とお酒を1対1で混ぜ合わせたものに一口大に切った鶏肉を3分ほど漬け込みます。その後よく水気を切って、全卵と合わせて、そこに米粉と片栗粉を1対1で合わせた粉を入れてまぜて、サラダ油で揚げます。

先ほどの塩味に比べて、もう一段階、味わいが強くなりますが、こちらもリースリングは合いますね。塩と梅酢は、やはり味わいがさっぱりしている分、合わせるワインはそれほど変わりませんね。

次に、スパークリングのロゼ（クレマン・ダルザス）を試してみましょう。まず、梅の果実味とピノ・ノワールのベリー系の果実味がすごく合いますね。それに、スパークリングの「泡」で梅酢の香りが鼻からフワッと広がります。梅酢から揚げにスパークリングのロゼ、本当にいい組み合わせ！

から揚げ（醤油味）

次にお醤油味のから揚げ。ベーシックなから揚げです。お醤油とお酒を1対1で合わせて、そこにたっぷりの生姜とにんにくのすりおろしを加えます。だいたい200ccに対してひと片《かけ》ずつくらいの分量です。一口大に切った鶏肉を15分くらいつけたら、小麦粉にまぶして揚げます。

お醤油の焦げた香ばしさとにんにくと生姜の香りが入るので、味わいがさらに強くなります。そうすると、樽の香ばしさがありつつ、鶏肉の旨味も消さない繊細な赤ワイン——ピノ・ノワールがいいです。

から揚げはお肉といえど鶏なので、味わいはお肉料理のなかではやさしいほうです。ですから、これ以上強い味わいの赤ワイン――たとえばボルドーなど――になると、料理とワインが口のなかでケンカしてしまいます。

ボルドーの赤ワインはカベルネ・ソーヴィニョン主体か、メルロ主体で造られているものがほとんどです。メルロはカベルネ・ソーヴィニョンに比べると酸もタンニンもやさしめで、ボルドーの赤ワインとしてはやわらかなほうですけど、やはりブルゴーニュのピノ・ノワールと比べると、果実味も豊かで強めの味わいとなります。

お醤油味のから揚げ、お惣菜としてもよく売られていますよね。これをつまみに、ワイン飲みたいな、というときは、ピノ・ノワール、ベストマッチだと思います。

ブルゴーニュの高級赤ワイン

ブルゴーニュの赤ワインのなかでも村名クラスや特にプルミエ・クリュ以上になってくると、コクのあるお料理ともよく合います。定番の組み合わせは、牛肉の赤ワイン煮込みやコック・オー・ヴァン（雄鶏の赤ワイン煮）にジュヴレ・シャンベルタンですが、鴨や鳩のローストにシャンボール・ミュジニィやヴォーヌ・

ロマネなんかを合わせたりもします。

　このクラスのワインになってくると、ブルゴーニュのピノ・ノワールでもボディが十分に豊かになり、タンニンもなめらかですが、ぐっと深みを増してくるので、旨味は力強いけどなめらかなソースのお料理にも合ってくるんです。

　私はボーヌに行くと「マ・キュイジーヌ」という必ず寄らせてもらっているビストロがあって、そこの人気メニューの鳩のローストと、そういうブルゴーニュの赤ワインを合わせて楽しんでいます。なかなか家庭では作らないお料理なので、この組み合わせは記念日なんかにレストランでお楽しみいただければと思います。

11 中華料理①

	ゲヴュルツトラミネル	グルナッシュ（ロゼ）	シュナン・ブラン	カベルネ・ソーヴィニヨン（ボルドー）	ランブルスコ
エビチリ	○	◎	◎		
青椒肉絲			◎	◎	○
麻婆豆腐（山椒なし）		◎			○
麻婆豆腐（山椒あり）				◎	

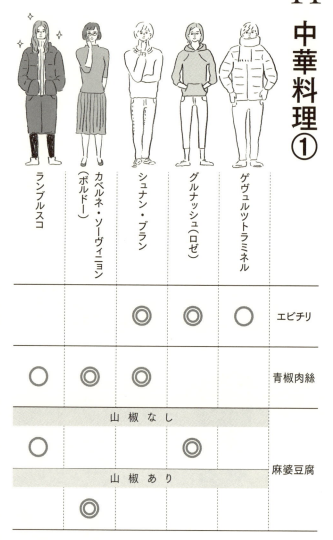

エビチリ

ではここから中華に入っていきましょう。

中華料理はスパイスやソースの味が強いため、合わせるワインも、料理のソースで合わせるか、素材で合わせるか——その両面から考えていきます。

まずエビのチリソース。

素材のエビにはミネラルがしっかりあるので、ミネラルの豊富な白ワインがいいと思います。さらにチリソースのスパイシーさと甘さに合わせて、アルザス地方のゲヴュルツトラミネルを最初に合わせてみます。

ゲヴュルツトラミネルは、ライチの香りと、ちょっと白コショウっぽいスパイシーさのある甘い香りのする白ワインです。合わせてみると、味わい的に違和感はないですが、エビの風味が上がる、というところまではいきません。ライチの香りの強さと、糖度の高さのほうが勝ってしまいます。

次に、色で合わせてみましょう。つまりロゼワイン。

チリソースはスパイシーなので、スパイシーな感じのする黒ブドウ——グルナッシュ主体で造られた、タヴェル・ロゼ。すごく合います。グルナッシュの持つ、ちょっとしたスパイシーさと、エビチリの「チリ」の部分がマッチして、思っていた以上に合うのでびっくりします……というぐらい合う。

では、同じグルナッシュで造られた、今度はロゼではなく赤ワイン（ラングドック・ルーション地方のフィトゥー）。合いますが、後味でグルナッシュの強さのほうがやや勝ります。最初の一口目はすごくいいのですが、そのあとの余韻があまり広がらず消えてしまいます。

ということで、エビチリにはロゼワインがすごく合いますね。

同じロゼでも、たとえばブルゴーニュ地方のピノ・ノワールで造られたロゼ（マルサネ・ロゼ）より、もっと南のほうのロゼが、よりいいと思います。南のほうの熟したスパイシーなブドウを主体として造ったロゼワイン——タヴェルだけでなくプロヴァンスのロゼもおすすめです。タヴェル・ロゼとプロヴァンス・ロゼの違いは、タヴェルのほうがより凝縮感があって、プロヴァンスのほうが味わいが軽やか。なので味の濃いエビチリには、タヴェルのほうがより合うかな。

では次、シュナン・ブラン。こちらも合いますね。ワインのミネラルと、エビのミネラルがまず合います。さらにシュナン・ブランはちょっとだけ糖度が高め。ほんのり甘さも感じられます。そういう意味で、チリソースの甘さとスパイシーさが、ワインにおける甘さとマッチします。

ライチの香りがするゲヴュルツトラミネルだと、後味（フィニッシュ）でゲヴュルツトラミネルの甘味が勝ってしまいましたが、シュナン・ブランくらいのほのかな甘味だったら、チリのスパイシーさをやさしく包んでくれます。すごくいいマリアージュですね。

シュナン・ブランは、中華料理には万能選手ですので、お食事の最初から最後まで一本のワインで通すとしたら、ロゼ（グルナッシュ）か、シュナン・ブラン、おすすめです。エビチリにここまで合ってくれると、他の中華料理にも合うような気がしてきます。

ちなみに、シュナン・ブランは、フランスのロワール地方原産で、ロワールはもちろんのこと最近は南アフリカで多く栽培されている品種としても有名です。

青椒肉絲

次に青椒肉絲《チンジャオロースー》にいってみましょう。具材は豚肉の薄切りとピーマンとシイタケです。

これもシュナン・ブラン、ばっちりですね。あとリースリングもいいと思います。

お肉を片栗粉でまぶしてから炒めるので、コクのあるお醤油ベースのソースがきれいにまとわりついて、味わいもしっかり。なので赤ワインも合いそうです。

グルナッシュもいいですが、青椒肉絲の濃厚な味わいがグルナッシュの果実味に勝ってしまいますね。シラーだと、今度はシラーのスパイシーさのほうがちょっと勝ってしまいます。

カベルネ・ソーヴィニヨン（ボルドー）くらいタンニンがあったワインのほうが、骨格がしっかりしていて、青椒肉絲のコクのあるお味と合いますね。また、ピーマンの味がしっかりあるので、ピーマンの青さとカベルネ・ソーヴィニヨンの青さもよく合います。シラーやグルナッシュとはあまり合わなかったのに、ボルドーのカベルネ・ソーヴィニヨンになるとこんなに合う、というのは面白いですね。

ボルドーのカベルネ・ソーヴィニヨンでなく、チリのカベルネ・ソーヴィニヨンになると、ちょっとワインの味が濃すぎるでしょうか。チリのカベルネ・ソーヴィニヨンは青さと果実味が特徴ですが、ボルドーのカベルネ・ソーヴィニヨンだと果実味というより酸味とタンニンのほうがしっかり入っています。

チリのカベルネ・ソーヴィニヨンのほうがひとつひとつの味わいの要素が強く、メリハリが利いているので、ピーマンとお肉の味わいが口のなかでばらけてしまう感じがします。

ボルドーのカベルネ・ソーヴィニヨンのほうが、ピーマンの青みとお肉の旨味が一体化し調和するイメージです。ボルドーのカベルネ・ソーヴィニヨンは、よくスーボワ《sous bois》（森の下生え）の香りと表現されますが、これは森に足を踏み入れたときの緑の爽やかさや土っぽさ、動物のにおいが一体化した香りのことで、それぞれの香りの要素が溶け合っています。なのでこのお料理のいろいろな要素も調和させてくれているのかなと思います。

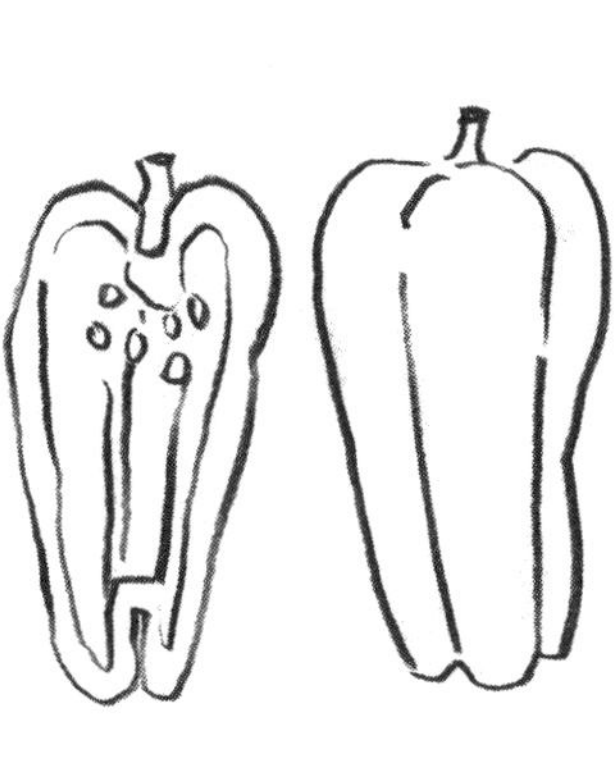

麻婆豆腐

シュナン・ブラン、これまでの中華料理には合っていましたが、麻婆豆腐には負けますね。やはりお肉の味わいとスパイスの両方が強いからでしょうか。

一方、タヴェル・ロゼはすごく合います。麻婆豆腐はスパイシーですが、お豆腐の軟らかさもあるので、赤ワインだと後味が残ってしまいそうなところ、ロゼワインだとちょうどいい濃さで、口のなかをさっぱり、きれいに終わらせてくれます（ちなみに今回の麻婆豆腐のお肉は豚肉です）。

ここに中国山椒を加えると、カベルネ・ソーヴィニヨン（特にボルドー）がとても合います。山椒を利かせたら、植物の「青さ」がより加わるので、カベルネ・ソーヴィニヨンの「青さ」と合いますね。お豆腐の旨味はロゼワインより感じにくいですが、山椒のスパイシーさがカベルネ・ソーヴィニヨンのタンニンの力強さともよく合いますし、豚肉の脂身のジューシーさをカベルネ・ソーヴィニヨンの酸がまろやかにしてくれます。

麻婆豆腐と山椒には、カベルネ・ソーヴィニヨンの他に、ロワール地方の赤ワイン「シノン」（品種はカベルネ・フラン）などもおすすめです。このカベルネ・フランという黒ブドウは、カベルネ・ソーヴィニヨンよりも「青さ」を感じさせる品種なんです。

ちなみに、スパイシーなお料理には、「泡」がとてもよく合います。

たとえば、発泡性の赤ワインでお手頃なものだと、イタリアのランブルスコがおすすめです。こちらも、（シュナン・ブランやタヴェル・ロゼと同様）中華料理全般と合わせやすいです。味わいは甘口からドライなものまでさまざま。タンニンがあって、スパイシーな黒コショウのようなニュアンスもあるので、しっかりとした味わいのお料理にも負けませんし、泡が口のなかをさっぱりさせてくれるので脂っこい料理にも合わせやすい。また、甘味のあるタイプのランブルスコは特に女性にも好評です。

ランブルスコは主にイタリアのエミリア・ロマーニャ州（州都はボローニャ）で造られます。特にボロネーゼ（ミートソース）で有名なボローニャの町に行くと、バーやレストラン、どこに行ってもランブルスコとモルタデッラ（ボローニャ風ソーセージ）が必ずと言っていいほどあります。

12 中華料理②

	ランブルスコ	グルナッシュ	グルナッシュ（ロゼ）	ゲヴュルツトラミネル	シュナン・ブラン
肉団子	◎	◎	○	◎	
シュウマイ			○	○	◎

肉団子

ランブルスコは肉団子にもすごく合います。肉団子は、甘酢タレの甘味とともに、お肉の旨味もしっかりあり、素材とソースそれぞれで味わいが強いですから——酢豚にも通じると思いますが——黒ブドウのしっかりした感じがないと負けてしまいがち。ランブルスコならお肉の味わいとよく合いますし、甘酢タレのいい香りを泡が引き上げてくれますね。

これくらいしっかりした味付けのお肉料理だとグルナッシュもいいです。同じグルナッシュつながりで、味わいはもっとやさしめにはなりますが、タヴェル・ロゼもやはり合いますね。でももう少しパンチのある赤ワインでも合うかも。この肉団子にはブラックペッパーも入っているので、シラーもいけますね。先ほどの青椒肉絲は、ピーマンが入っていたのでカベルネ・ソーヴィニョン（の青さ）と合いましたが、甘酢タレにはもう少し果実味が強いほうが合うので、やはりシラーかグルナッシュでしょうか。

ふつう中華料理には紹興酒を合わせますよね。紹興酒には甘味があるので、同じく甘味があって、香りも高い（あとスパイシーさが入っている）、ゲヴュルツトラミネルが、中華料理に合わせるワインの王道みたいなところがあります。エビチリにはゲヴュルツトラミネルはいまいちでしたが、お肉系の中華にはいろいろと合わせやすいですね（もちろんこの肉団子にも合います）。中華は香りが高くスパイシーなものが多いですが、そこにゲヴュルツトラミネルの香りの高さと、スパイスを包み込んでくれる甘味を合わせる感じです。

ワインだけで飲み比べをすると、なかなか違いがわかりにくかったりしますが、この料理にはどっちが合うか？という飲み方だと、口に入れたときに、料理がよりおいしくなるかどうかなので、ワインの特徴がとらえやすくなると思います。合わない、という感覚も面白いので、ぜひいろいろ試していただきたいです。和食、揚げ物、中華で、それぞれ合うものの系統がだんだんわかってきますよね。

シュウマイ

赤のグルナッシュだとシュウマイにはちょっと強いでしょうか。豚の肉汁の旨味が口のなかに広がっていきません。シュウマイは白ワインのほうが合います（やっぱり色で合わせるのは重要です）。

シュナン・ブラン、すごく合いますね。何の違和感もなくスルッと入っていきます。肉まんにもシュナン・ブラン、おすすめです。
タヴェル・ロゼは……合わなくはないです。シュウマイは他の中華に比べて、白系のお肉（豚）と玉ネギのシンプルな味わいなので、やはり白ワインのほうがいいでしょう（とんかつと同じですね）。ただシンプルといっても、豚の脂もあって、味わいも白系のお肉のなかではしっかりしている、という意味では、やっぱりシュナン・ブランやリースリング、ゲヴュルツトラミネルなど味わいがしっかりめの白が合います。

もしこのシュウマイが、エビシュウマイやホタテシュウマイに替わると、ソーヴィニョン・ブラン（ロワール）もいいと思います。ロワールのソーヴィニョン・ブランは、エビカツのときにも出てきましたが、エビやホタテのミネラルとソーヴィニョン・ブランのミネラルの組み合わせはばっちりですから。

一般的に、アルザスのリースリングは和風のお料理に、シュ

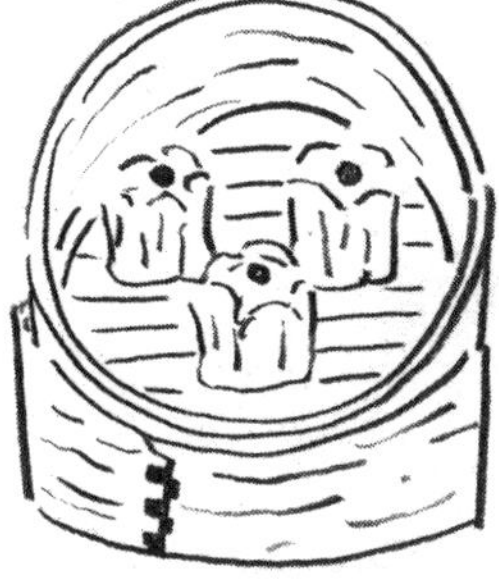

ナン・ブランは中華風のお料理に、というかたちで覚えていただけるとわかりやすいと思います。

その理由は香りの違いです。どちらのワインも果実味と酸味が特徴ですが、シュナン・ブランのほうは香りがとてもフローラルで華やか。これが和食には強すぎていまいち合いません。一方中華は食中にジャスミンティーを飲んでも違和感がないように、強い香りのワインとも相性がいいんです。

中華料理を食べに行ったときに、まずビールを飲んで、そのあと紹興酒、という方が多いと思います。紹興酒の前に、ワインを入れたいなという場合、おそらく点心系のお料理と合わせることになると思いますが、そういうときこそ、シュウマイなどにばっちり合うシュナン・ブラン、おすすめです。

とんかつをシンプルに塩だけで食べる場合に、シャルドネ（樽の効いたもの）が合ったように、シュウマイも同じですね。白系のお肉には白系のワインという定説は正しいようです。

赤ワインだとワインの味わいが勝ってしまいますが、もしそこに泡があれば、中華のスパイシーさを上手に流してくれます（というわけでランブルスコ、おすすめです）。

中華料理を食べるとき、そんなに何本もワインを開けることはないと思いますので、その日の気分で、たとえばフランスの南のほうのロゼ（タヴェル・ロゼ）だったり、あるいはシュナン・ブラン（ロワールや南アフリカ）だったり、アルザスのゲヴュルツトラミネルだったり、もしくはイタリアのランブルスコだったり……。このあたりから選ぶと、ある程度外れなく中華のメニュー全般が楽しめると思います。

13 パスタ①

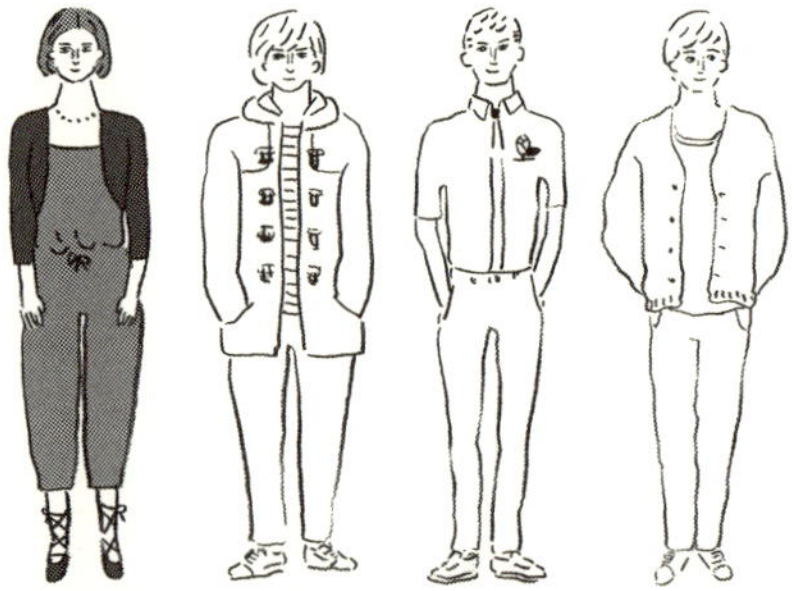

	ガルガーネガ（ソアヴェ）	シャルドネ（シャブリ）	リースリング	サンジョヴェーゼ
ボンゴレ	◎	○	◎	
カルボナーラ	○		◎	◎

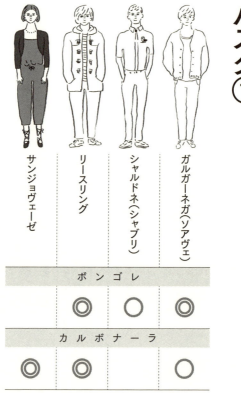

ボンゴレ

ここからパスタについてお話ししていきましょう。ワインとのマリアージュではかなり王道ですが。まずはボンゴレ。あさりですね。

ずばり、ソアヴェ（品種はガルガーネガ）が一番合うと思います。あさりの旨味と本当によく合います。ソアヴェ、魚介料理に対しては万能選手でしょうか……先ほどのエビカツともすごく合っていましたし。

もしくはミュスカデかシャブリ。ただ、パスタのソースが乳化してまろやかな感じになったところに、シャブリの酸味はやや強すぎるかもしれません。あさりの繊細な旨味を流してしまうような……。やっぱりミネラルがありつつも、乳化したまろやかさに寄り添うようなやさしい白ワイン、ソアヴェのように、ほんのりとした果実味が入っている白ワインのほうが、ボンゴレにはいいと思います。

あとアルザスのリースリングも合いますね。ミネラルのニュアンスがしっかりあるので、貝のミネラル感とマッチします。樽の効いたシャルドネはぜんぜん合いませんね。あさりの香りが感じにくくなり、あさりの旨味も口のなかで乗りません。

ここで、まだ出てきていない白ワインで、軽くさっぱり飲めるものをひとつご紹介したいと思います。ヴィーニョ・ヴェルデというポルトガルの白ワインです。アルバリーニョという白ブドウから造られています。

アルバリーニョはスペインでも栽培されている品種で、味わいは爽やかなので、たとえばご自宅で、野菜中心の献立のときの一本としては、かなり合わせやすいです。お肉中心だとちょっとさらっとしすぎてしまいますが……。お値段もお手頃で、だいたい1000円台前半のものが多いです。そういう意味でもお気軽に試していただけるワインです。

ちなみに「ヴィーニョ・ヴェルデ」とは、ポルトガル語で「グリーンのワイン」という意味です。その名のとおり、味わいにミントっぽいグリーンさも出ていて、ちょっと青リンゴのような香りもあり、また微発泡していてすっきり。フレッシュで軽やかな白ワインを飲まれたいとき、おすすめです。私も夏にキンキンに冷やしてよく飲んでいます（笑）。

カルボナーラ

次にカルボナーラをいろんなワインで試していきましょう。カルボナーラにもソアヴェは合いますね。卵の濃厚さをさらっと流してくれます。口のなかがさっぱりするので、次の一口が進みます。

リースリングもすごく合います。ソアヴェよりもリースリングのほうが甘味があるため（さらに酸もしっかり入っているため）、カルボナーラにはより合う感じです。ソアヴェだと口のなかをきれいに洗い流してくれる感じでしたが、リースリングだとカルボナーラの濃厚さや旨味が口のなかで広がりつつ、それらをリースリングの甘味が包み込んでくれる感じでしょうか。

カルボナーラはローマが発祥と言われているので、ローマのワイン、フラスカティやエスト・エスト・エストなどとももちろん合います。どちらも地元でよく飲まれている軽めの白ワインです。

ソアヴェもそうですが、イタリアの白ワインは軽くても、

ドライになりすぎずフルーティーなニュアンスがあるため、カルボナーラの卵の濃厚さを広げつつ、それをきれいに流してくれます。やはりイタリアワインは、地元のお料理に合うように出来ているんですね。

赤ワインも飲んでみましょう。まずキャンティ・クラッシコ。ブドウ品種はサンジョヴェーゼです。白ワインと合わせたときのような後味がさっぱりする感じというより、こちらは後味の旨味を広げてくれる感じで、すごく合います。ブラックペッパーのスパイシーさ、ベーコンの燻製の香りと、サンジョヴェーゼのスパイシーさがよく合いますね。

次にネッビオーロ（バルバレスコ）も飲んでみます。
サンジョヴェーゼと比べると、ネッビオーロは酸もタンニンもしっかり入っているので、そうなるとカルボナーラの卵の甘味などが消されてしまう……。最後に口のなかに残るのが、ネッビオーロのタンニンなどの力強さになってしまいます。サンジョヴェーゼのほうがフレッシュ感があり、ブドウの果実味と一緒に上がっていく感じがありましたね。
サンジョヴェーゼとネッビオーロはイタリアの赤ワインの代表と言ってもいいと思いま

す。日本でも、ワインショップやイタリアンレストランで、必ずと言っていいほど置いてあります。

ネッビオーロはそのほとんどがピエモンテ州とその周辺のみで造られていて、どの銘柄もある程度ドライフルーツのような落ち着いた果実味に、しっかりとしたコクのある酸味とタンニンが特徴で、味わいに統一感があります。

それに対して、サンジョヴェーゼはイタリアで最も多く栽培されているブドウ品種で、トスカーナ州が有名ではありますが、亜種が多く存在し、銘柄（産地）や造り手によって、味わいに結構違いがあります。キャンティとキャンティ・クラッシコというほぼ同じエリアで造られた2つの銘柄でさえ、キャンティがジューシーで濃い果実味と酸味が特徴なのに対し、キャンティ・クラッシコは落ち着いた果実味で、美しい酸味とタンニンが特徴というように、全く別のワインに仕上がります。

さらにトスカーナ州の少し南のほうに行くと、ここではイタリアのもっともエレガントなワインとして知られるブルネッロ・ディ・モンタルチーノが造られています。キャンティ・クラッシコをさらに洗練したような素晴らしいワインで、特別な日のワインですね。

14 パスタ②

	ガルガーネガ（ソアヴェ）	グルナッシュ（ロゼ）	ネッビオーロ	サンジョヴェーゼ	ランブルスコ
ボロネーゼ			◎	◎	◎
トマトソース		◎			
トマトソース（魚介系）	◎				
トマトソース（お肉系）			○	◎	○

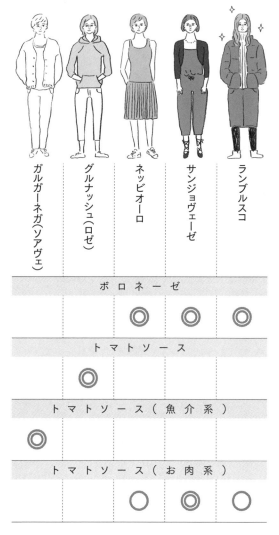

ボロネーゼ

ボロネーゼは元々イタリアのエミリア・ロマーニャ州発祥のお料理です。ですから、これまで何度か登場したエミリア・ロマーニャ州の赤の発泡性ワイン、ランブルスコともよく合います。ミートソースのお肉の香りが、泡があるおかげでふわっと上がります。

ランブルスコ以外では、やはりキャンティ・クラッシコ。このボロネーゼは豚肉ですが、もっと味わいの濃いお肉で作ったとしたら、ネッビオーロ（バローロやバルバレスコ）がいいと思います。何のお肉で作るかで味わいはずいぶん変わってきます。

たとえば、イタリアンに行くとよくありますが、仔羊の場合——ご自宅で仔羊のミートソースはあまり作らないとは思いますが——お肉にクセがあって、ハーブやスパイスもたくさん入っているので、酸味も渋味もより強いネッビオーロを合わせていくのは、かなりいいと思います。パワフルなお料理には、パワフルなワインがよく合いますので。


サンジョヴェーゼももちろんお肉に合います。キャンティが造られるフィレンツェは、Tボーンステーキが名物ですから。

Tボーンステーキとは、元々フィレンツェ近郊で食べられていたキアナ牛の炭火焼きステーキで、T字形の骨の左右にフィレとサーロインが付いているという贅沢なもの。地元ではこれにキャンティ・クラッシコを合わせるのが定番です。そのマリアージュ具合は凄まじく、ひとくちお肉を食べるとワインが欲しくなり、ひとくちワインを飲むとお肉が欲しくなる。お互いがお互いを求め合っている感じ。最初、お肉のあまりの大きさに怯えていた私でしたが、気付いたら目の前からお肉がなくっていたほど夢中で食べて飲んでいました（笑）。結婚っていうよりむしろ熱愛って感じでしたが、私に改めて「これがマリアージュってことなんだ」と教えてくれた組み合わせです。

ちなみに、タンニンが多いワインは、口のなかでくちゅくちゅとやってみたときに、そのタンニンが歯にまとわりついて、口のなかがキシキシします。このキシキシ感でタンニンの量がわかります。タンニンが強いと、料理のパワフルさと互角に張り合えます。

あと白ワインで、意外なところでは、ブルゴーニュの南のほうのシャルドネ（たとえばマコンなど）。樽が効いていて酸味がしっかりあるタイプですが、もしボロネーゼの味が、トマトのフレッシュ感を際立たせてさっぱりと作ってあったとしたら、トマトの酸味とワインの酸味が思った以上に合いますのでおすすめです。

ただ、やっぱり赤のほうが合うのが前提です。

トマトソース

トマトソースのパスタですが、パスタをトマトソースで和えて、オリーブオイルとパルメザンチーズで乳化させたようなシンプルなものだと、冷やしたタヴェル・ロゼが合いそうです。トマトの味わいが素直に合いますし、オリーブオイルの香りやチーズの風味とも相性がいい。

あとは入れる具によって合うワインが替わってきます。魚介たっぷりのペスカトーレのような感じにするなら、魚介のミネラル感や旨味に合わせて、ちょっとしっかりめのソアヴェやブルゴーニュのシャルドネが合います。ムルソーなんかばっちりです。

お野菜たっぷり系にするなら、ロワールのソーヴィニヨン・ブランですね。揚げ茄子とベーコンの組み合わせなら、軽めのボルドー。牛肉を炒めたものを入れて、仕上げにチーズを加えるならキャンティ・クラッシコがぴったりです。

15 ハンバーグ

	カベルネ・ソーヴィニヨン（ボルドー）	グルナッシュ	サンジョヴェーゼ	グルナッシュ（ロゼ）	シラー
塩・コショウ					○
大根おろし・ポン酢				◎	
トマトソース	○	◎	◎		
チーズ・デミグラスソース	◎				◎

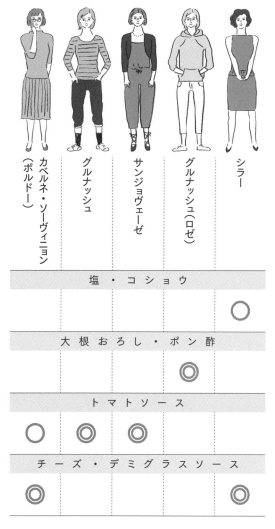

ハンバーグ（ソースなし）

ここからお肉料理にいきましょう。

まずハンバーグをいくつかのソースで食べてみます。でもその前に、最初はソースも何もなしのシンプルな塩・コショウのみの味付けのものから。

お肉料理だと、まずボルドーの赤というイメージがありますが、ソースがなく、シンプルなハンバーグだと、あまり重くて複雑なワインよりもジューシーな肉汁をさっと洗い流してくれる、ピノ・ノワールのような、酸があって軽めの赤のほうが合います。シンプルな味付けだと軽やかなワインを合わせたほうが、肉の旨味がよりダイレクトに伝わってくるんですね。邪魔をせず、お肉の味を支えて、流してくれる感じです。そうすると次の一口が欲しくなります。ピノ・ノワールでなければ、ローヌのシラーの軽めなものか、ネッビオーロあたりでしょうか。

ここにソースがかかっていて、味わいに甘味やコクが加わると、カベルネ・ソーヴィニヨン（ボルドー）のほうが合うようになってくると思います。

逆に、ソースがポン酢だったら――つまり、おろしハンバーグ――ならロゼがいいと思います。大根おろしとポン酢で、さっぱりしたやさしめの感じですので、赤ワインよりもロゼワインくらいがちょうどいいですね。

樽の効いたシャルドネは……ポン酢とはちょっと合いませんね。樽の香ばしさは、たとえばチーズをのせて焼いたハンバーグとは合いそうですが、ポン酢の酸だと、タヴェル・ロゼが一番合うようです。

ハンバーグ＋トマトソース

これは確実にサンジョヴェーゼ（キャンティ）が合いますね。あるいはスーパー・タスカン——イタリアのトスカーナ州で造られるカベルネ・ソーヴィニョンやメルロを主体とした赤ワインのことをスーパー・タスカンと言いますが、イタリアのカベルネ・ソーヴィニョンなので、果実味がより豊かでボルドーのものに比べてもう少しふくよかになります。

ボルドーの赤ワイン（カベルネ・ソーヴィニョン主体）ともふつうに合うと思いますが、それよりも、グルナッシュくらいジューシーで果汁感があったほうがトマトソースにはい

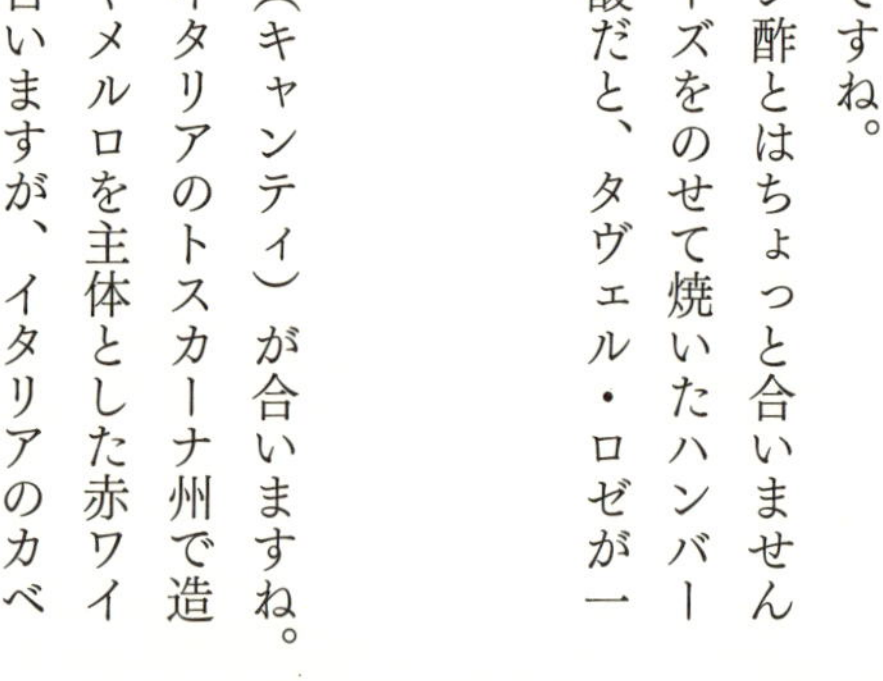

いと思います。

カベルネ・ソーヴィニョンがスパイシーでスーッとするのに対して、グルナッシュは果汁感が強い。南のほうのよく熟したブドウなため、ソースのトマトのジューシーさや、お肉のジューシーさとマッチします。

やっぱりトマトソースなので、イタリアっぽい太陽の温かみが感じられる果実味があるワインが合いますね。ハンバーグはお肉の脂もなかに含まれていてジューシーなので、ブドウ自体にスパイスなどの強い要素が含まれているよりも、果汁感が強いほうが合います。

トマトソースのハンバーグには、キャンティとグルナッシュがおすすめです。

チーズハンバーグ＋デミグラスソース

これくらいソースとチーズの味がしっかり付いていると、暑い地域の赤ワインが合いそうです。凝縮感もあってエキス分も濃く、スパイシーさも入っている赤ワインです。なので、スペインのテンプラニーリョ、アルゼンチンのマルベック、ボルドーのカベルネ・ソーヴィニョン、ローヌのシラーを試してみましょう。

デミグラスソースにはテンプラニーリョだと後味がちょっと甘くなってしまいますね。デミグラスソースのコクのある旨味や甘味と、ワインの力強さがちょうどいいかと思いましたが、ワインが勝ちすぎてしまいます。アメリカンオーク（詳しくは150ページを御覧ください）からくる甘めの香りが最後に口のなかに残り、重い後味になってしまいますね。

テンプラニーリョよりマルベックのほうが、スパイシーさが強く、ハンバーグの肉やソースの風味を「高めて」くれます。マルベックは果実味も十分ありながら、タンニンと酸味のバランスも高いレベルで調和がとれています。ただ一方で、ちょっと後味のボリュームが出すぎる感じもあります。チーズとデミグラスソースとは言えど、あくまでハンバーグがやさしいお味なので、マルベックではやや強すぎるでしょうか。もう少し後味がさっぱりするほうが次の一口が進みますから。マルベックはフランスではボルドーの南、南西地方で主に栽培されている品種です。それに合わせる郷土料理として鴨をローストしてベリー系のソースをかけたものが定番なんですが、韓国風の焼肉とかも絶対合いそうですね。

ボルドーのカベルネ・ソーヴィニョン主体のワインのほうが、合いますね。後味がさっぱりします。カベルネ・ソーヴィニョンだと果実味やスパイシーさはおとなしめですが、タンニンと酸味がしっかりあって、さらっと口の中を流してくれます。先ほどのピノ・ノワールと同じような合わせ方で、口のなかがさっぱりして、次の一口にいきやすくなります。お肉もワインも進む感じです。

このように一緒に食べながら飲み比べてみると、どれもある程度相性はよかったのですが、シラーが一番合いますね。フレーヴァーを高めてくれる役割と、口のなかをさっぱりさせてくれる役割の両方をこなしてくれます。

最後に、ニューワールド、オーストラリアのシラーズも試してみましょう。シラーズとシラーは同じ品種です。厳密に言うともとは一緒で、今は亜種になっています。シラーズの味わいはシラーよりずいぶん強い。濃さがぜんぜん違います。シラーズだと、ジャムっぽさ（JAMMY《ジャミー》：ジャムでべたっとしたニュアンス）があって、シラーよりもっとぽってりした感じです。

実際に合わせてみると悪くはないですが、やっぱりマルベックと同様、ハンバーグにはやや強すぎますね。シラーズのようなジャミーなものには、もっとしっかりした味の煮込みなど、強いものには強いものを合わせていったほうがいいですね。煮込みのなかでも、牛ほほ肉や豚バラじゃなくて、もっとクセのある豚足とかホルモン系の煮込みなど。

たとえばイタリア料理のトリッパ（牛の胃袋）と合わせるとしたら、味付けは白ワインでさらっと煮込んだものではなく、赤ワインやトマト、ハーブも入れてしっかり煮込んだもののほうがいいですね。日本のモツ煮込みでも、お醤油とお味噌でこってりに仕上げたものと、さらっと白味噌だけで煮込んだものではぜんぜん味わいが違いますよね。居酒屋メニュー的な味噌のこってりモツ煮込みとかだったら、シラーズでいけると思います。

ニューワールドとは？

「ニューワールド」とは、日本語だと「新世界」という意味です。それに対して「オールドワールド」、「旧世界」と呼ばれる国々があります。これはいつ頃からワインを造っている国か、ということで分類しているのですが、まずオールドワールドとは基本的にはヨーロッパの国々です。その起源は少なくともローマ帝国の時代までさかのぼりますので、2000年以上の歴史があることになります。長いですね。

それに対してニューワールドは、アメリカやオーストラリアに代表される国々で、近代以降ヨーロッパ人が入植してワイン造りを始めた比較的新しいワイン生産国を指します。

オールドワールドのワイン生産国では伝統的なワイン造りで、昔ながらワインの味わいを守っているのに対して、ニューワールドのワイン生産国では最新の機材や技術を活かし、大規模かつ効率のいい方法で、またマーケットを意識して、流行の味わいを目指すワイン造りがされていると言われていましたが、現在ではそうとも言えず多様化しています。

ただし、フランス、ドイツに代表されるオールドワールドのワイン生産地が比較的冷涼な気候であるのに対して、アメリカやオーストラリアの生産地は比較的温暖ですので、同じブドウ品種でワインを造っても果実味や酸味に味わいの差が出てきます。また、果実味のボリュームやワインの強さに合わせて使用する樽の効かせ方も強くするので、ニューワールドのワインは比較的樽の風味も強いものが多いです。

16 ピーマンの肉詰め

		ソーヴィニヨン・ブラン（ボルドー）※	カベルネ・フラン	カベルネ・ソーヴィニヨン（チリ）	カベルネ・ソーヴィニヨン（ボルドー）
鶏肉	ポン酢	◎			
牛肉	ポン酢	◎	◎		
牛肉	デミグラスソース		○	◎	○

※イラストはロワールのソーヴィニヨン・ブラン

ピーマンの肉詰め（鶏肉）

お肉は鶏肉ですので、白ワインから試してみましょう。

まずソーヴィニヨン・ブラン。そのなかでも「青さ」がきれいに出ているボルドーのソーヴィニヨン・ブラン。ニュージーランドのソーヴィニヨン・ブランであれば、さらにここにもっとグレープフルーツやトロピカルフルーツの香りが加わってくるのですが、ボルドーだとそのような華やかな香りが少ない分「青さ」の香りのほうが際立ちます。

口をつける前の時点で、ワインの香りとピーマンの青い香りがマッチしますね。お料理を一口食べると、ピーマンの青い香りが鼻に抜けていきますが、そのときにソーヴィニヨン・ブランを口に含むと、相乗効果で香りが爽やかに上がってきます。ソーヴィニヨン・ブランの柑橘系の香りとポン酢も合ってますね。

鶏肉だと白ワインで合わせられるんですが、豚肉だったら……豚肉でもまだボルドーのソーヴィニヨン・ブランで合わせられると思います。これが牛肉になると白より赤。やっぱり白系のお肉（鶏や豚）か赤系のお肉（牛）でワインの色も変わってきます。

ピーマンの肉詰め（牛肉）

それでは牛肉バージョンを試してみましょう。

牛肉でもポン酢で食べるなら、ボルドーのソーヴィニョン・ブラン、合いますね。鶏のほうが合う感じはありましたが、牛もいけます。ポン酢の醤油と柑橘のフレーヴァーが牛肉とワインをつないでくれるんだと思います。赤ワインだと、ロワールのカベルネ・フラン。カベルネ・フランの香りの特徴は、何といっても「青さ」です。酸やタンニンもありますが、カベルネ・ソーヴィニョンほど強くない。なので、ポン酢の風味もきちんと感じられますね。

ポン酢ではなく、デミグラスソースで食べると、やっぱり赤ワインのほうが合いますね。チリのカベルネ・ソーヴィニョンのほうがボルドーよりも果実味がしっかり入っているので、ピーマンの肉詰め（牛肉バージョン）だったら、チリのカベルネ・ソーヴィニョン――略してチリカベ、完全にいけますね。チリカベには、青さと果実味の両方がしっかりありますので。ボルドーだったら、メルロ主体のものよりも、カベルネ・ソーヴィニョンとかカベルネ・フランが入っているもののほうが、やっぱりピーマンの青さがある分、より合います。

ちなみに、ボルドーのワインって基本的には何種類かのブドウ品種を混ぜて造られます。赤白はソーヴィニョン・ブラン、セミヨン、ミュスカデルなどをブレンドして造ります。赤だとカベルネ・ソーヴィニョン主体にして、メルロを加えてまろやかさを出したり、メルロを主体にしてカベルネ・ソーヴィニョンを加えて渋みや酸味を出す、みたいな感じでブレンドして味を調整するんです。他にもカベルネ・フランやプティ・ヴェルド、マルベックといった品種もブレンドに使ったりします。

ピーマンのない、ふつうのハンバーグなら、チリカベだと、青みや果実味が強すぎる感じがありますが（そのせいで、お肉の味が消えてしまう場合があります）、ボルドーのカベルネ・ソーヴィニョンであれば、果実味も穏かで酸味もキレがよく、エレガントですね。

ワインのエレガントさって何かというと、さまざまな要素が十分にありながらも決して突出していない、上品にバランスがとれている状態のことです。カベルネ・ソーヴィニョンで言えば、青み、タンニン、酸味、果実味、どの要素もしっかり感じられながら嫌みがない、過剰ではない。

ピーマンの肉詰め、鶏肉バージョンは中身だけを食べると、要するに焼き鳥のつくねですよね。つくね（塩）には、樽の効いたシャルドネや日本のやさしいシャルドネが合いますね（ピーマンが入るとシャルドネだとそんなには合いません……）。

フランスワインの格付けとは？

ここでフランスワインの「格付け」について簡単に説明しましょう。

１９３５年にフランスのワイン法である原産地統制名称（A.O.C.：現A.O.P.）法が制定され、生産地域の地理的範囲の他、ブドウ品種、収穫量、最低アルコール度数などが法律で規定されました。ヨーロッパのワインの格付けは、フランスのワイン法がベースとなっていますので、これを覚えておくと、ワインの格付けの基本がよくわかると思います。まず大きく次の3段階のカテゴリーに分けられます。A.O.P.(Appellation d'Origine Protégée)、I.G.P.(Indication Géographique Protégée)、そしてVinです。A.O.P.は保護原産地呼称ワインという意味ですが、もっとも上級のカテゴリーのワインで、地方、地区、村、畑といった細かい生産地域の指定、ブドウ品種、収量、製造方法などまで細かく規定されており、主に地域に根付いた伝統的なワインに対して認定されています。

いっぽう、I.G.P.は保護地理表示ワインという意味で、各項目がA.O.P.ほど細かく指定されていませんが、各地方ごとの特徴が表れた地酒レベルのワインに対して認定されています。

また最近では、A.O.P.法に決められたブドウ品種や製造方法に縛られず、自由なワイン造りをする目的で、自らA.O.P.からI.G.P.に格下げする生産者もいて、それらのワインが、A.O.P.ワインよりも高額で取引されることもあります。

最後にVinです。現在ではラベルにVin de France（フランスのワイン）と表記されていますが、以前はVin de Table（テーブルワイン）という名称で、日常的な安くて気軽に飲めるワインのカテゴリーです。このカテゴリーで以前は禁止されていた、ブドウ品種やヴィンテージの表記が現在では認められるようになりました。

では次に、ブルゴーニュ地方のワインの「格付け」を簡単に説明しましょう。

まず一番リーズナブルなものがA.C.ブルゴーニュ。もしラベルにA.C.ブルゴーニュと書いてあったら、これは「ブルゴーニュ地方でちゃんと造られたワインだよ」という格付けを意味します。

次に格付けがひとつ上がると、いわゆる村名クラスです。A.C.ムルソーや、A.C.シャサーニュ・モンラッシェ、A.C.ヴォーヌ・ロマネなどそのワインが造られたブルゴーニュ地方にある村の名前が明記されたワインです。さっきと一緒で、これは「~村でちゃんと造られたワインだよ」というお墨付きです。

その次がプルミエ・クリュ、つまり1級畑のブドウのみから造られたワイン。ブルゴーニュ地方は、フランスの他の地方と違い、ワインを畑名レベルまで格付けしています（他は村名レベ

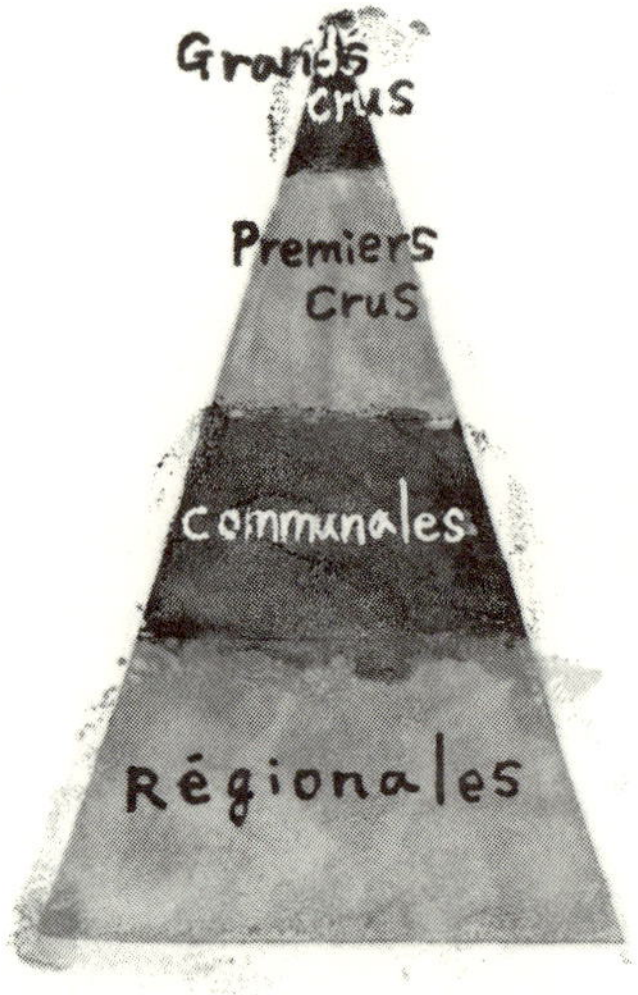

ルまで)。村の名前のあとにプルミエ・クリュの表示が入り、さらにその畑の名前も明記されます。たとえば、A.C.ムルソー・プルミエ・クリュ・レ・グート・ドール(レ・グート・ドールが1級畑の名前)や、A.C.ヴォーヌ・ロマネ・プルミエ・クリュ・レ・スショ(レ・スショが1級畑の名前)みたいな感じです。

そしてブルゴーニュの格付けのトップに君臨するのがグラン・クリュ、つまり特級畑。A.C.のあとに直接、特級畑名が明記されます。代表的なものはなんと言っても、A.C.ロマネ・コンティですが、A.C.シャンベルタン、A.C.モンラッシェなどブルゴーニュ地方では33の畑がグラン・クリュに認定されています(生産量としては全体量のわずか1.5%)。

ワインの格付けが上がるにつれて、ブドウの作られた場所が「地方」から、「村」、「畑」と範囲が限定され狭くなっていきます。つまり小さく限定されるほど、格付けは上がるという仕組みです。

17 うなぎ

	メルロ	カベルネ・フラン	シャンパーニュ(ロゼ)
かば焼き(山椒なし)	◎	○	
かば焼き(山椒あり)		◎	
白焼き			◎

うなぎのかば焼き

うなぎのかば焼きとワイン、意外な組み合わせですが、これがかなり合います。じつはボルドー地方でもうなぎをよく食べるんですね。ウナギの赤ワイン煮という郷土料理があるんですが、日本でうなぎを食べるなら、やっぱりかば焼きが一番かな。

まず山椒をかけず、タレだけで食べる場合、これにはメルロが合います。うなぎは脂もしっかり乗っていますし、皮目も焼くので、そういう意味ではワインに樽の香ばしさもちょっと入っていてもいいと思います。メルロはクセがない分、樽の香ばしさがしっかり感じられるものが多いです。焼いた皮の香ばしさと、タレの甘さともすごく合いますね。メルロがやさしくタレの甘さを流し込んでくれて、かち合いません。

メルロという品種はカベルネ・ソーヴィニョンやシラーみたいにわかりやすい香りの特徴が少ないのですが、とにかく力強くてやさしい感じです。そして、飲んでも、まろやかな印象が特徴というくらいカドが立たない。比較論で言うと、カベルネ・ソーヴィニョンの青みをなるべく除去して、タンニンを丸くして、ちょっと果実味のボリュームをアップしたみたいな。

なので、お料理もクセのないシンプルなお肉料理だとわりと万能な感じがします。

同じボルドーのワインでも、カベルネ・ソーヴィニョンだと、ちょっとワインが力強すぎて、うなぎの味わい——やっぱりお魚なので——その旨味みたいなものが消えてしまいますね。その点、メルロのやさしさのほうが合うと思います。

うなぎのかば焼き＋山椒

山椒をかけると、カベルネ・フランが合います。山椒のスパイシーさ、青みと、カベルネ・フランの青みがとてもよく合います。

実は、この黒ブドウのカベルネ・フランと白ブドウのソーヴィニョン・ブランはカベルネ・ソーヴィニョンの両親なんです。最近ではブドウもDNA鑑定される時代で、いろんなことがわかってきているんですね。なので、親子共通の青みのある香りが特徴です。カベルネ・フランはカベルネ・ソーヴィニョンと比べるとボディが軽いものが多いですね。果実味もタンニンもやさしめ。相対的に青みが表に出てくる感じがします。

カベルネ・フランの銘柄としては、ロワールのシノンが有名です。ロワールでもうなぎはよく食べられていますが、こちらも赤ワイン煮で食べられることが多いです。以前パリで、このロワール産の大うなぎの白焼きを食べたことがありました。見かけは随分大きかった

ので大味なのかなって思って食べたんですけど、予想に反して旨味十分でおいしかったです。

さて、山椒をかけたものとメルロだと、山椒のほうがちょっと強すぎますね。山椒だけがパツンと際立ってしまい、メルロがメルロでなくなってしまう。違う味になります。口のなかで一体化しなくなる。

山椒をかけるかかけないかで、こんなにはっきり違うのは面白いですね。

同じ青みでも、ソーヴィニョン・ブランはちょっと合いません。やっぱりうなぎのタレの、しっかりした味わいと焼いた香ばしさに、ソーヴィニョン・ブランの爽やかな青みの香りが負けてしまいます。ソーヴィニョン・ブランには、柑橘系の香りもありますが、そういう要素とうなぎはちょっと合いませんね。

かば焼きではなく、白焼きでわさびだけになると、これはもうロゼのシャンパーニュです。香りが鼻に抜けていくのでおすすめです。

18 焼き鳥

	カベルネ・フラン	グルナッシュ	テンプラニーリョ	ピノ・ノワール	シャルドネ（ムルソー）
塩				○	◎
タレ				◎	
タレ・七味		○	◎		
タレ・山椒	◎				

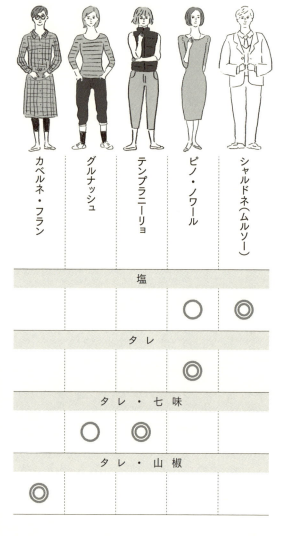

焼き鳥＋塩

焼き鳥ですが、塩で食べるときは、やさしめの赤ワインか、樽の効いたシャルドネが合うと思います。

焼き鳥や鶏のソテーは、焼いたときの皮の香ばしさ、あの焦げの感じが旨味となるので、そういうニュアンスと樽からくる香りやコクを合わせていきます。あと日本のシャルドネともきれいに合いますね。そんなに酸が強くないので、鶏の旨味がきれいに感じられます。

シンプルに塩コショウだけだったら、軽めの赤、ピノ・ノワールもいけると思いますが、ただ、香りが「上がる」のは樽の効いたシャルドネのほうでしょうか。特にブルゴーニュのムルソーはすごく合います。ムルソーはよく高級焼き鳥屋さんに置いてありますが、たしかに合います。

やっぱり塩味の場合、鶏の旨味がきれいに感じられるのは、赤ワインよりも白ワインですね。噛んでギュッと肉汁が出てきたのを、シャルドネがきれいに受け止めてくれる。ピノ・ノワールだとちょっとワインのほうが強くなりますね。

焼き鳥＋タレ

タレで食べる場合、一般的には七味や一味を合わせるか、もしくは山椒でしょうか。先ほどのうなぎのように、それらをかけたときにまたどうなるか、検証してみましょう。

まずは山椒も一味・七味もかけず、タレだけの場合、ピノ・ノワールが合いますね。

焼き鳥＋タレ＋七味

タレに一味や七味を付けて食べると、今度はテンプラニーリョ（リオハ）がすごく合います。まず香りの甘さに違和感がない。焼き鳥がスパイシーになっても、ワインの力強さが受け止めてくれます。

このテンプラニーリョの特徴は、最初になんとなくカラメルっぽいヴァニラのような甘さがしてくるところです。これは、樽熟成の際に、フレンチオークではなくアメリカンオークを使っているからです。特にリオハのものは、アメリカンオーク樽で熟成させるものが多いのですが、そうすると、このアメリカンオーク由来の甘い香りと、タレの焼き鳥や照り焼きチキンの甘さがすごくマッチします。

グルナッシュだと、合わなくはないと思いますが、両方同時に試すと最初の香り同士の印象も大切だということがわかってくると思います。口に含んだあとだったら、グルナッシュでもいいですが、やっぱり最初の香りで違和感のないのは、テンプラニーリョですね。

ハンバーグをトマトソースで食べる場合、グルナッシュやサンジョヴェーゼとすごく合っていたのは、やっぱりグルナッシュがジューシー（果汁感が強い）だからなんですよね。鶏は、ハンバーグ（牛）ほどジューシーではなく、淡泊です。もちろんグルナッシュも合うと思いますが、タレ独特の甘さ、というところで、テンプラニーリョの最初のアメリカンオークからくる樽の香りがかなり合うと思います。


タレの焼き鳥＋七味は、お家でテンプラニーリョを気軽に楽しむ一品としておすすめです。焼き鳥にしなくてもチキンソテーで照り焼きのタレをからめた感じでもおいしいです。

ちなみに、焼き鳥（タレ）に七味でなく山椒だと、先ほどのうなぎ同様、カベルネ・フランがすごく合いますね。カベルネ・フランと山椒の相性おそるべしです。

19 豚肉

	シャルドネ（アメリカ）	リースリング	ピノ・ノワール	シラー	グルナッシュ（ロゼ）
豚ステーキ	◎		◎	○	
生姜焼き		○		◎	
豚キムチ炒め		○			◎

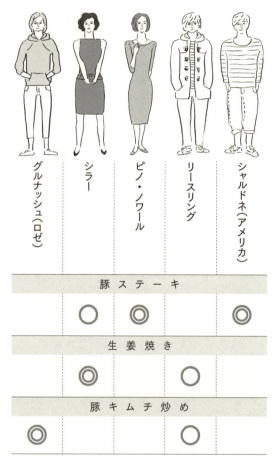

豚ステーキ

豚肉をいくつかの味付けで食べてみたいと思います。

豚ロースを塩コショウでシンプルに焼いたものには、まずアメリカのシャルドネを合わせてみましょう。肉汁がしっかりあって、脂身があって、焼けた表面の香ばしさがあって……となると、樽の効いたシャルドネがとてもよく合いますね。エキス分も濃いですし。

ワインのエキス分とは、定義的な話でいうとワイン１００mlに含まれる主に糖分、あとは各種有機酸、ミネラル分やタンニンなどの不揮発性成分が何グラムあるかということなんですが、テイスティングのときはそのワインにどのくらいボディや複雑なコクがあるかってことで使っています。

赤だとピノ・ノワールでしょうか。ブルゴーニュももちろんいいですが、オレゴンのピノ・ノワールもいいと思います。ブルゴーニュと比較的近い味わいですが、もう少し果実味も強く、樽の香りがしっかりあるものが多いです。

ブルゴーニュのなかで選ぶ場合は、ジュヴレ・シャンベルタンなど、ブルゴーニュのピノ・ノワールのなかでもタンニンの力強さがより出ているものだと、よく合うと思います。

豚ステーキは食べる部位によりますが、もっと脂身が多い肩ロースやリブロースになってくるとシラーもいいですね。脂身が多くなるほど、タンニンが欲しくなります。タンニンがあるとワインが負けなくなりますし、タンニンが口のなかの脂を流してくれます。アルコール度数も高いので、鼻から抜けるフレーヴァーもいい感じに増しますね。

生姜焼き

まず白ワイン。シャルドネだとかち合ってしまいますね。お醬油の甘味も入っているので、シャルドネの酸味とはあまり合いませんね。リースリングだと、肉じゃがと合わせるような感覚で、お醬油とも合います。

赤ワイン、ピノ・ノワールだと生姜に負けてしまいます。香りが上がらないです……生姜の香りが抑え込まれてしまう。ここは生姜のスパイシーさと合わせるのが一番です。そこでシラー。すごく合います。じつはこの組み合わせ、これまで試したことがなかったのですが、こんなに合うとは思わなかったです。

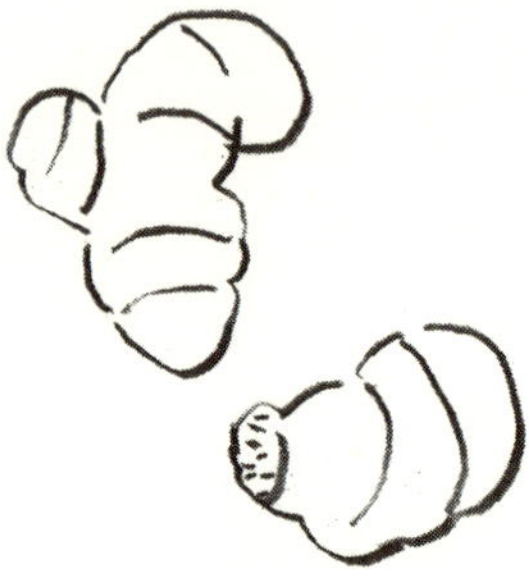

生姜のスパイシーさもあるので、テンプラニーリョよりもシラーのほうが合いますね。グルナッシュだとだれてしまう。生姜焼きのみりんや玉ネギの甘味に、さらにワインの甘味をぶつけるとちょっとしつこい感じになるんです。

そこで大事なのが酸味です。アルザスのリースリングが合うのは生姜焼きの甘味に負けない果実味と、それを引き締める酸味があるから。グルナッシュは果実味のほうが強め。引き締める酸味やタンニンが弱いとぼわっとした印象で終わってしまうんですね。

生姜焼きは生姜の味がしっかり付いているから、シラーくらいスパイシーなほうが、相乗効果で生姜の香りも上がっていきます。生姜焼きでシラーを飲むと、シラーのスパイシーというニュアンスがよくわかると思いますので、ぜひ試してみてください。


スパイシーな料理に甘味のあるワインを合わせていって、スパイシーさをまろやかにする合わせ方もあります。中華のところで出てきた、エビチリとシュナン・ブランの組み合わせとか。最近ではエスニック系の料理店でゲヴュルツトラミネルやシュナン・ブランを合わせるのも定番になりつつあります。

料理に合わせていろいろなワインを飲むことで、ワインの味わいもそうですが、その料理で使われているスパイス、あるいは素材が持っている本来の味の特徴が、ワインの特徴と掛け合わされることで引き出されていきます。これが、ワインと料理のマリアージュの奥深いところです。

豚キムチ炒め

キムチはなかなかクセがあるので、ワインと合わせにくいのですが、中華と同じ感覚で、まずタヴェル・ロゼ（グルナッシュ・ロゼ）を合わせてみましょう。

グルナッシュの果汁感が、キムチのスパイスをきれいに流してくれます。同時に豚肉の旨味もちゃんと感じられますね。もうちょっと強いワインでの合わせ方も面白いと思いますが――たとえばランブルスコとか――ロゼワインのようなちょっとスパイシーだけど重くないワインで、味の強いキムチと合わせていくのがちょうどいいかもしれません。

タヴェル・ロゼ、これまで何度も登場していますが、日本の家庭料理には特に使えますね。

次に同じグルナッシュで造られた赤ワイン。こちらも合います。同じくグルナッシュの果汁感が、キムチのスパイシーさをきれいに包み込んでくれます。

シラーやシラーズの黒コショウのスパイス感と、キムチの赤唐辛子のスパイスはちょっとけんかしてしまうかもしれません。口のなかでどちらも強い感じになってしまいますが、グルナッシュであれば、スパイシーさはそれほどなく、骨格のしっかりした、黒ブドウの味わいが、キムチの辛さを包み込んでくれます。

ワインを飲んでいて、相性のよい料理と出会ったときって本当に感動が大きいんです。これまで感じたことのないおいしさが生まれるので……。普段の家庭料理のなかで、ここまで合わせられると、いろいろ楽しめますね。


では次に白ワインで試してみましょう。白ではリースリングが合いますね。スパイシーさと甘味の強いゲヴュルツトラミネルも合うかと思いましたが、甘さによってキムチの辛さが逆に表面に出てしまいます。唐辛子のスパイシーさがすっと消えず、舌のなかで残ってしまう。でもリースリングだと、スーッと消えてくれますね。リースリングもタヴェル・ロゼ同様、かなり万能選手ですね。

20 牛肉

料理	ソース	カベルネ・ソーヴィニヨン（ボルドー）	メルロ	カベルネ・ソーヴィニヨン（チリ）	シラーズ
サーロインステーキ	塩・コショウ・にんにく	◎	○	○	
フィレステーキ	塩・コショウ・にんにく	○	◎		
ステーキ	ジャポネソース	◎	○	◎	
焼肉	焼肉のタレ				◎

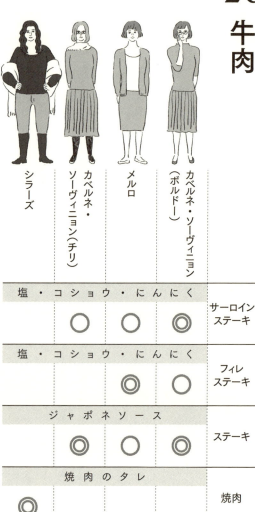

ステーキ

ではステーキに合わせて、赤ワインを飲んでみたいと思います。まず塩・コショウ・ガーリック、王道ですね。これに合わせて、こちらも王道のボルドーのカベルネ・ソーヴィニョンを。

サーロインのしっかり脂があるものには、メルロよりカベルネ・ソーヴィニョンがいいですね。カベルネ・ソーヴィニョンのパワフルさ——酸とタンニンとスパイシーさが、お肉の脂を溶かしてくれます。脂の強さを打ち消してくれる。

同じボルドーの赤でも、メルロ（あるいはメルロ主体）だと、カベルネよりも酸味もタンニンも軟らかくなるので、牛肉でもフィレやハラミのステーキにぴったり合ってきます。

焼き鳥（タレ）の場合は、メルロが最高に合いましたが、牛肉にはカベルネ・ソーヴィニョンが合いますね。サシの入った牛肉になるとやっぱりボルドー、安定の組み合わせです。

では同じカベルネ・ソーヴィニョンでも、チリはどうでしょうか。チリのカベルネ・ソーヴィニョンは香りが青々としています。

もちろん合いますが、ただボルドーに比べると酸味がやや弱いため、脂が口に残る感じがありますね。ボルドーのほうが酸が強い分、脂を最後にきれいに流してくれる。これがボルドーの特徴ですね。

他の国のカベルネ・ソーヴィニョンとボルドーのカベルネ・ソーヴィニョンの違いは、酸がきれいに入っているか、ですね。酸があると脂がスーッと、いい相乗効果で消えていってくれて、口のなかにお肉の旨味だけが残ります。

こういうサーロインのステーキを食べたときのポイントとして、最終的に脂が口のなかに残っていると、なんとなく重い感じになるんですね。脂がきれいに消えてくれると、お肉の旨味だけが残って、次の一口にいきやすい。

お肉と一緒に食べると、ボルドーのカベルネ・ソーヴィニョンとチリのカベルネ・ソーヴィニョンの（特に酸の）違いがよくわかると思いますので、ぜひお試しください。

ステーキ＋ジャポネソース

次に和風のソースをかけてみましょう。フランス人の友人にステーキに付けて食べてもらったときにジャポネソースと命名され、それからそう呼んでいます。

にんにくと玉ネギを擦りおろして、そこにお醤油と日本酒を加えて、さっと火を入れただけのソースですが、お肉との相性がすごくよくて、サーロインにフィレ、ハラミにもよく合うんです。

お肉の風味を活かしつつ、香ばしさや旨味をより複雑にして高めてくれるんですが、後味はさっぱりしているので最後まで飽きずに食べれちゃいます。

これだとカベルネ・ソーヴィニョンがさらに相性がよくなりますね。玉ネギやにんにくの香りがワインによってさらにまとまる感じで、ボルドーはもちろん、チリカベとの相性がすごくよくなりました。

焼肉＋焼肉のタレ

次に、焼肉です。こちらは、焼肉のタレで食べましょう。

これには、シラーズを。「ジャムっぽい（ジャミー）」と言われるほど非常に甘味が強く、むっちりボディ系赤ワインなので、これまでなかなか張り合える料理がなかったのですが、焼肉のようにパワフルなお料理ですと、シラーズ、いいですね。シラーズ特有のジャミー感と、焼肉のタレの甘みがすごく合います。

焼肉のタレには、野菜や果物の甘味がいっぱい入っているのと、にんにくのスパイシーさもあり、シラーズのスパイシーさやジャミー感とよく合います。

お肉だけでなく、玉ネギも合いますね。先ほどの生姜焼きの玉ネギは細切りにして、タレがしみ込んでクタッとした感じでしたが、焼肉の玉ネギは、厚みもあり、やや辛味を残して焼いているため、シラーズのスパイシーさと合います。玉ネギのスパイシーさもまた独特なので、そこも合わせていけます。

ふつうのシラーもいけますが、シラーズのほうが、甘味があるからよりマッチすると思います。粘性も強いですし。シラーズ、これまでなかなか強すぎて、家のお料理では合わせづらかったですが、焼肉をタレで食べるときには、シラーズおすすめです。

シラーズの他には……ボルドーのカベルネ・ソーヴィニョン、合わなくはないですが、ちょっと物足りないでしょうか。タレの味わいのほうが勝ってしまい、ボルドーの果実味では負けてしまいます。

一概にお肉といっても、どういうお肉をどういう味付けで食べるかによって、合う赤ワインも異なってくるのが面白いですね。

カベルネ・ソーヴィニヨン、メルロだったり、シラー（シラーズ）、グルナッシュだったり、サンジョヴェーゼだったり、テンプラニーリョだったり。カベルネ・ソーヴィニヨンのなかでもボルドーなのかチリなのかでぜんぜん変わります。

21 豚しゃぶ

	ピノ・ノワール（スパークリング・ロゼ）	リースリング	グルナッシュ（ロゼ）
ポン酢	◎	○	
ゴマだれ		◎	◎

豚しゃぶ＋ポン酢

豚しゃぶは、ご自宅で簡単にできて、しかもすごくおいしいので、定番メニューとなっている方は多いと思います。私は、冬はもちろんのこと夏でもよく豚しゃぶをしています。

昆布でとった出汁で、豚肉やお野菜（ネギ、エノキなど）をしゃぶしゃぶして、ポン酢かゴマだれでいただきます。おすすめの食べ方は、ネギを細く切って、お鍋にさっと散らしたところをしゃぶしゃぶした豚肉で巻いて食べる——本当においしいですよ。

豚肉はロースをお好みの方もいらっしゃると思いますが、今回はバラ肉。まずは王道のポン酢で。ポン酢の柑橘系の酸味には、きりりと冷えたスパークリングワインが確実に合います。ポン酢の酸の香りが鼻から抜けていきます。

豚バラだと脂身もあるので、ロゼの泡、おすすめです。たとえばクレマン・ダルザスのロゼやクレマン・ド・ブルゴーニュのロゼなど。お肉の脂とピノ・ノワールの強さがきれいに合って、そのうえでポン酢の香りとお肉の香りが、泡と一緒に上がって、鼻からきれいに抜けさせてくれるのがよくわかると思います。ポン酢を閉じ込めない。

ポン酢とスパークリングワインを合わせるのは日本人独特なので、面白いですよね。

豚しゃぶ＋ゴマだれ

ゴマだれで食べるときは、泡がないロゼ――タヴェル・ロゼが合いますね。ゴマのふくよかさと、グルナッシュからくる果汁感が合いますね。

ゴマだれは、ゴマの濃厚さ（甘味）もありながら酸味もあるので、リースリングとも合いますね。ゴマだれのふくよかさと、豚の脂の旨味がよくわかります。

リースリングはポン酢とも合いますが、ただ泡がないので、先程のようにはポン酢の香りが鼻から抜けていきません。ポン酢は泡があったほうが、より合うと思います。タヴェル・ロゼは、ポン酢にはちょっと合わないでしょうか。

メルロも試してみようと思います。豚肉ですし、脂もお鍋で落ちるので、そんなに強くない赤ワインのほうが合うと思いますが……メルロ、ちょっと強いですね。お肉の後味がやや消えてしまいます。タヴェル・ロゼだときれいに包み込んでくれましたが。

次にピノ・ノワールも試してみましょう。ベリー系のフルーティーな香りがポン酢とバッティングしてしまいますね。また、ゴマだれにもちょっと負けてしまいます。

これまでの豚肉のお料理には白が合ったように、しゃぶしゃぶでも白やロゼのほうが合いますね。

醗酵白菜鍋

もともと中国東北地方発祥のお料理らしいのですが、最近では台湾ですごく人気のあるお鍋です。私も冬になると自家製醗酵白菜を作ります。白菜に塩をして重しをして、2週間くらい寝かすと酸味が出てきて、3週間目くらいでおいしくなってきます。ちょっと時間がかかりますし、すぐに食べたいときや夏に食べたいときは、市販の白菜漬けを買って代用とします。

作り方は、骨付きの鶏もも肉のぶつ切りを塩を加えた昆布出汁でゆでると、すごくおいしいスープがとれるので、そこに醗酵白菜を中心に、豚バラのスライスや、ネギやエノキなど（冬ならカキも）を加えるだけ。スープの旨味と塩味で食べる鍋です。

合わせるワインはというと、やっぱりスパークリング・ロゼはよく合います。鶏肉や豚肉の香りと昆布出汁の香りを、調和させながら上げてくれますね。タヴェル・ロゼはこのお鍋のお肉と出汁、白菜の強い旨味と酸味をうまくまとめてくれます。

リースリングになるとちょっとこの旨味の複雑さにちょっと負けちゃうかな。でも、さらっと流してくれる感じは悪くないですね。

22 すき焼き

	シャンパーニュ（ロゼ）	グルナッシュ（ロゼ）	ゲヴュルツトラミネル
牛肉	◎	○	○
ネギ	○	◎	◎

すき焼き

まず赤ワインで試してみましょう。メルロですが、ちょっとワインのほうが強いですね

……お肉の旨味がワインのタンニンに負けます。合わなくはないですが、メルロの後味が

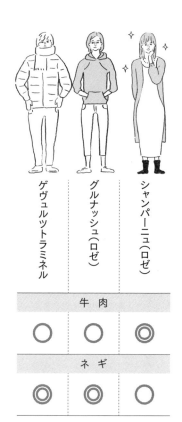

最後に残ってしまいます。

すき焼きは、醤油、砂糖、お酒が入っているのと、それを卵につけて食べるので、味は濃いんですが、いわゆる洋食のような濃厚な肉料理ではなく、かなりお上品な味だということが赤ワインと合わせてみるとわかりますね。お肉も薄切りにしてあって、脂が落ちますし。

ですので、ロゼ。それも泡のあるロゼ・シャンパーニュがおすすめです。贅沢ですが……。すき焼きはあまり日常的には食べないですよね。やっぱりお祝いのときとか、家族が久しぶりに集まったときなど、そういう特別な日の贅沢なお料理だと思います。お肉も、そこそこいい霜降りのお肉じゃないとおいしくなりませんし。

ですので、そういうお祝い、ということであれば、思い切ってシャンパーニュのロゼを開けるのもありです。これは本当に合います。食卓も華やかになって、お祝いの感じが増しますよ。ロゼのシャンパーニュで乾杯してから、あとは日本酒とか。

シャンパーニュまでいかなくても、スパークリングのロゼなら

だいたい合いますので、ぜひお試しください。

スパークリングではないロゼ、タヴェル・ロゼも、すき焼きによく合いますね。特にネギの甘味と、グルナッシュの果汁感がとても合います。

本書では主にタヴェル・ロゼを取り上げていますが、プロヴァンス・ロゼも同じようにおすすめです。実際にはプロヴァンス・ロゼのほうが手に入りやすいと思います。品種はグルナッシュや、あとプロヴァンス独自の品種も使っているので、ものによりけりですが、グルナッシュ同様、南のほうのブドウなので味わいは近いです。

ロゼワインとスパークリングのロゼ、平均的な日本の家庭料理には本当に合いますね。逆に言えば、日本の家庭料理は味わいが突出して強い、弱いというよりは、ある程度の幅が決まっているのかもしれません。肉系が強くなると赤になるし、魚系が強くなると白になる。ロゼだったらある程度のレンジのなかで、合うものが多い、ということは言えます。

なんとなく日本では、ロゼワインが軽視されている感じがありまして、あまり皆さん、日常的に飲まれないんですよね。たしかにいまいちなロゼもありますし、あとお料理との組み合わせも重要で、たとえば白身のお刺身に甘めのロゼを合わせてしまって失敗したとか……白ワインだと家庭料理とまったく合わない、ということはないですから。そういう部分がロゼを不人気にさせている理由なのかもしれません。

ではすき焼きに戻って、白ワインで。ゲヴュルツトラミネルを試してみます。すき焼きと甘味が合いますが、ただ甘味だけで合っている感じなので、すき焼きのほうにもう少しゲヴュルツトラミネルに合う香りが入っていれば、たとえばちょっとコショウを振ってみたり、唐辛子を利かせてみたりすると、より合うと思います。


ただ、すき焼きのネギとはとてもよく合いますね。すき焼きのネギ、おいしいですよね。お醤油とお肉から出る出汁を吸い込んでいて、口のなかで旨味がギュッと広がります。ネギには辛味、スパイシーさがあるため、香り高いもの同士で合います。お肉だと、お肉の香りがゲヴュルツトラミネルの香りに負けてしまうところもありましたが。

そう考えると、ネギたっぷりの料理で、ちょっと甘めな味付けをすると、ゲヴュルツトラミネルと合うと思います。たとえば中華で、牛肉とネギの細切りの甘辛炒めみたいなお料理には、ぜったいいけますね。

23 チーズフォンデュ

	リースリング	ゲヴュルツトラミネル	ピノ・ノワール
じゃがいも	◎		
ソーセージ		◎	◎
パン	◎		

チーズフォンデュは元々スイスのお料理で、フランスのスイスとの国境付近ジュラ・サヴォア地方でもよく食べられています。スイスだとシャスラという白ブドウから造られるワイン——さっぱりとした味わいの白ワインです——でチーズを溶かして作り、それに合

わせてシャスラを飲んでいます。

スイスワイン、日本にはあまり輸入されていないので、手に入りにくいですが……。

フランスのアルザス地方にもフォンデュ屋さんがたくさんあって、アルザスの人たちは、地元のワイン、ゲヴュルツトラミネルやリースリングを合わせて、楽しんでいらっしゃいますので、今回はそのように作ってみたいと思います。


チーズフォンデュ、じつは自宅で手軽に出来るんですよね。

今日のチーズは、エメンタールです。具はじゃがいもとソーセージ、あと食パンをカリカリに焼いたものを付けて食べてみます。


チーズとじゃがいも、ソーセージだと、イメージ的に赤ワインと思われる方が多いかもしれませんが、白ワインのほうが確実に合います。

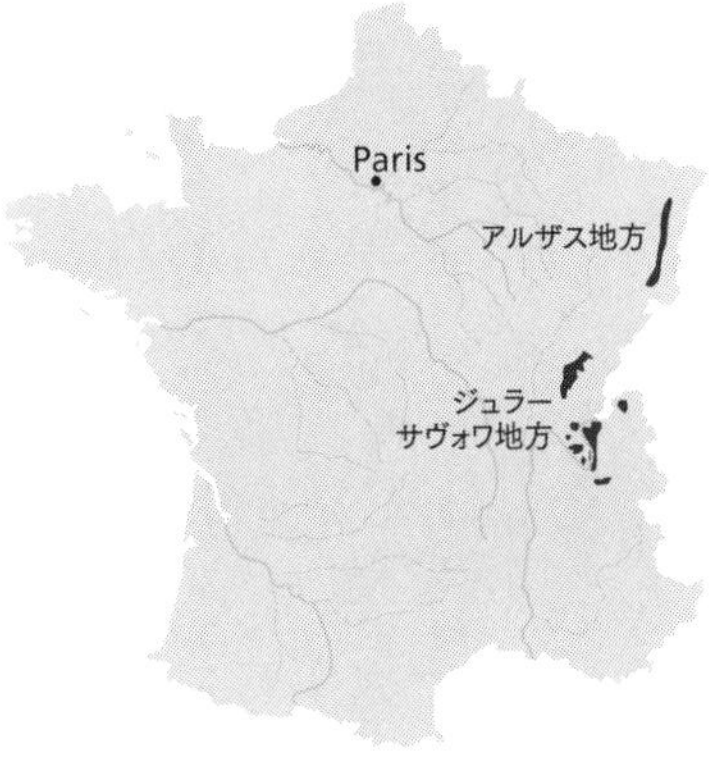

アルザスのリースリングとゲヴュルツトラミネル、あとはオーストリアを代表する白ブドウ品種、グリューナー・ヴェルトリーナーなど。このグリューナー・ヴェルトリーナーはオーストリアでは一番栽培されている品種ですが、爽やかで、シャスラと近い味わいなのですごく合うと思います。

酸はそれほど強いわけではなく、きれいに入っていて、華やかな香りがするのが特徴です。そのうえで味わいがさらっとしていて、アルコール度数もそんなに高くない。お水みたいに飲めるというと語弊がありますが、すっきり、爽やかに飲めて、お値段もお手頃。ガブガブ飲めるタイプの辛口のワインです。

チーズフォンデュに赤ワインを合わせるとしたら……お肉を付けて食べるのであれば、ピノ・ノワールがいいと思います。

ちなみに、日本人はチーズフォンデュで茹でたウィンナーやブロッコリー、蒸した鶏肉などいろいろ食べますが、フランス人はじゃがいもかパン（フランスパン）だけなんですよね。シンプルで飽きないみたいです。

ゲヴュルツトラミネル、すごく合いますね。スパイシーな味のウィンナーだったら、ゲヴュルツトラミネルが一番いいかもしれません。

次に食パンを一口大に切って、フライパンでカリカリにトーストしたものを付けて食べてみます。これも非常においしいのでおすすめです。フランスパンよりも、こっちのほうがおいしいかも、というくらいいけます。

これにはリースリングが一番合いますね。リースリングはじゃがいももソーセージも合いましたが、パンが一番いいですね。

いずれにせよ、チーズフォンデュは飲むワインでチーズを溶くと、必ず合いますね。

お祝いの日の
シャンパーニュ

シャンパーニュ(ブラン・ド・ブラン)シャルドネ

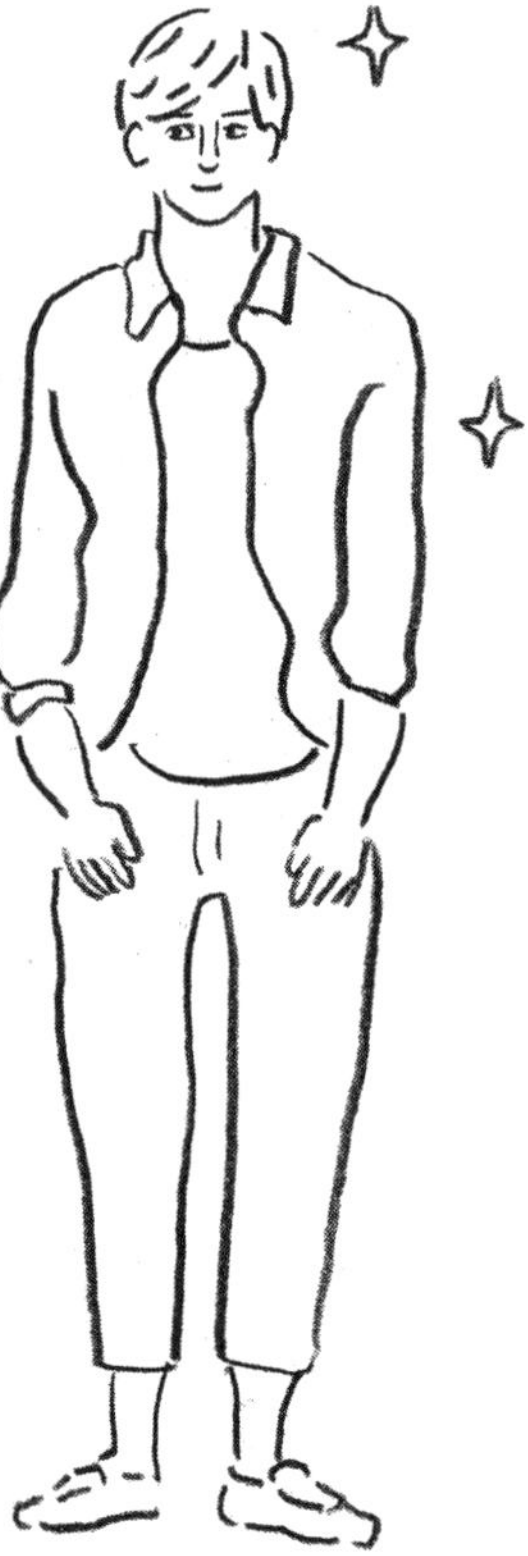

産地：フランス・シャンパーニュ地方

少	酸	多
にっこり	表情	キリッ！

少	甘味	多
夏	服の季節	冬

少	ミネラル	多
ラフ	服のフォーマル度	フォーマル

少	柑橘	多
短い	髪の長さ	長い

小	ボディ	大
細い	体型	大きい

白ブドウ(主にシャルドネ)のみで造られたシャンパーニュ。果実味はやや控えめで、キリリとしたエレガントな酸味とミネラル感が特徴。樽を使わず、ステンレスタンクで熟成したものは特に生魚やお野菜を使った前菜など、ミネラル感と旨味のあるシンプルなお料理によく合います。

シャンパーニュ（ロゼ）
ピノ・ノワール

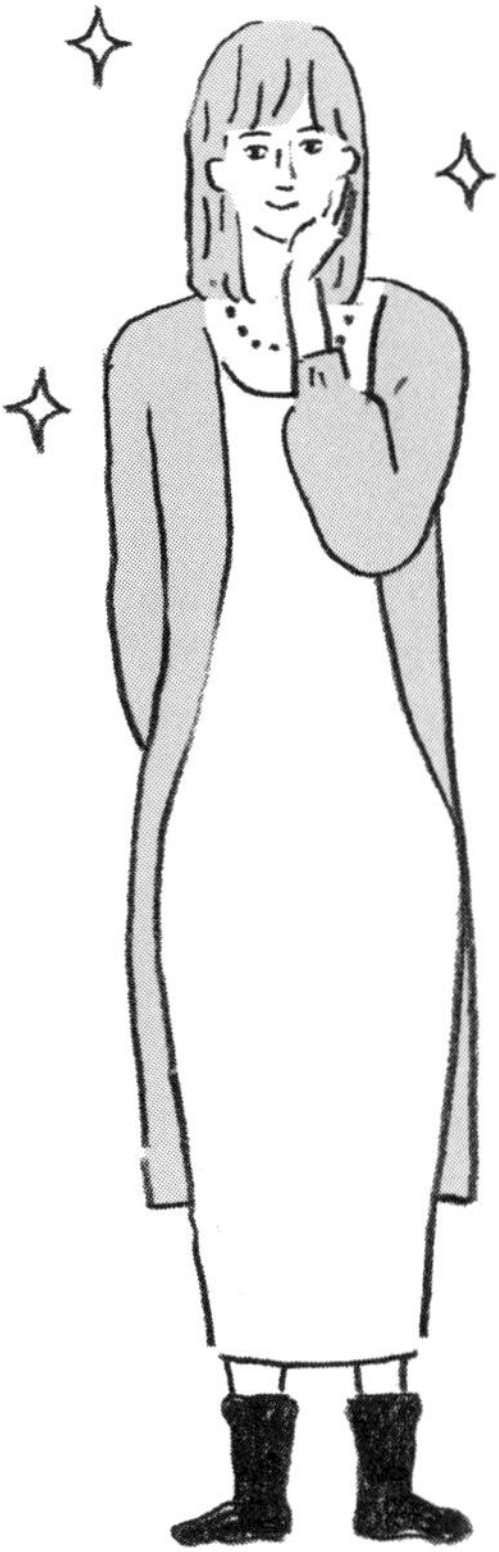

産地：フランス・シャンパーニュ地方

少　酸　多
にっこり　表情　キリッ！

少　甘味　多
夏　服の季節　冬

少　ミネラル　多
ラフ　服のフォーマル度　フォーマル

少　タンニン　多
小さめ　胸　大きめ

少　ベリー　多
短い　髪の長さ　長い

小　ボディ　大
細い　体型　大きい

通常のものと比べると果実味やタンニンのニュアンスも強くなり、より味わいのしっかりとしたお料理とも合わせやすくなります。しゃぶしゃぶ、すき焼きとの相性はバッチリ。鮮やかなバラ色と立ち上る美しい泡は、その場の空気も華やかにします。お祝いの席にぴったりのワイン。

これまでは普段の献立に合わせたワインをご紹介してきましたが、ここからは「お祝いの日編」です。お祝いのときに飲むお酒の代表といえば、やはり「シャンパーニュ」。奮発してシャンパーニュを開けるとき、それに合うお料理についてご紹介していきましょう。

元々、フランスの国王の戴冠式がシャンパーニュ地方の中心地ランスの大聖堂で行われていたのですが、そこでのお祝いの際に振る舞われたのが地元のお酒シャンパーニュです。それが由来で、現在では、その華やかな泡も相まって、シャンパーニュはお祝いのときの乾杯のお酒として世界中で愛されるようになりました。

シャンパーニュは結婚式などで乾杯のお酒として、それ単体で飲まれることが多いと思いますが、じつはお料理と本当によく合うお酒なのです。ここからシャンパーニュに合う、ご自宅で楽しめるお料理をいくつかご紹介していきたいと思います。

ぬか漬けとお豆腐

まずはぬか漬けとお豆腐。和食のなかの和食のような料理で合いそうにないと思われるかもしれませんが、これがめちゃくちゃ合います。ある意味、ぬか漬けと、お豆腐(特においしいざる豆腐)は、究極のおつまみだと言えます。

ぬか漬けを食べてから、すぐにシャンパーニュを飲むと、ぬかの乳酸醗酵した香りがふくらみ、ぬか漬けの酸味と旨味が心地よくまとまります。

お豆腐の場合は、お豆腐とシャンパーニュ、それぞれのミネラルを感じさせる出汁っぽい旨味が口に広がり、最後に大豆の風味がふわっと鼻から抜けていきます。

ちなみに私は地元唐津の川島豆腐のざる豆腐が大好きでお取り寄せしています。江戸時代から豆腐造りをやっている川島さんのお豆腐は大豆の風味が豊かで、口当たりもなめらか。これをおいしいオリーブオイルとお塩でいただいています。そんなお豆腐だからか、シャンパーニュとの相性もすごくいい。

シャンパーニュと言っても、さまざまな種類があります。そのなかで最も合うのは、ブラン・ド・ブラン（白の白）という、黒ブドウをブレンドせず、白ブドウのみ（基本的にはシャルドネのみ）で造られたものです。

さらに3年くらい熟成させていると、そこに熟成の香りが出てくるのですが、これが出汁の旨味のような香りなんですね。ぬか漬けにおかかをかけて、その熟成香と合わせる……

すごく合うので、今度このシャンパーニュの造り手さんが来た際には試してもらおうかと思っています(笑)。

先ほどブラン・ド・ブランが出てきましたが、その仲間にブラン・ド・ノワールというものもあります。こちらは「黒の白」という意味で、黒ブドウから造られた白のシャンパーニュを意味します。ブラン・ド・ブランがすっきりとした酸とミネラルが特徴なのに対して、こちらは果実味とコクのある味わいが特徴です。黒ブドウを原料にしているため、白のシャンパーニュであっても、比べてよく見るとうっすらとピンクがかった色をしているものもあります。

ロゼワインの造り方の説明をしたところで(77ページ)、ヨーロッパでは赤ワインと白ワインを混ぜてロゼワインを造ることが禁止されていると言いましたが、例外がありまして、それがシャンパーニュです。白ワインに赤ワインを混ぜロゼワインを造り、それを瓶内二次醗酵によりロゼ・シャンパーニュにすることは認められています。あるいは、黒ブドウからセニエ法でロゼワインを造り、それを瓶内二次醗酵によってロゼのスパークリングワインにするという方法もあります。

日本人にとってのぬか漬けは、フランス人にとってのチーズみたいなもので、特に気にせずなんにでも合わせやすいと思います。私のなかでは赤だろうが白だろうが、ぬか漬けがあればいいくらいの勢いで、実際、いろんなワインにぬか漬けって合うんですよね。

なにかおつまみと一緒に飲んでいるときに、箸休めとしてぬか漬けをつまむ。ぬか漬けをあいだに入れると、なぜだか口のなかが疲れずに、ワインをゆっくり長く飲み続けることができちゃいます（笑）。

真鯛のカルパッチョ

次に真鯛のカルパッチョ。本書のはじめに登場したお料理ですが、こちらもシャンパーニュ——特にブラン・ド・ブランのシャンパーニュは文句なく合います。最初にシャンパーニュで乾杯するときなどの前菜におすすめです。真鯛のミネラル感と、シャルドネの、ブドウ本来のミネラル感がぴったり合いますね。

特に樽ではなく、ステンレスタンクで熟成しているものだと、樽の香りが付かず、ブドウ本来のミネラル感——シャンパーニュ地方は石灰質土壌で、貝殻などが多く含まれる白い土壌のため、そこで育つブドウにもミネラルがたくさん含まれています——ストレートにブドウ（シャルドネ）のミネラルが感じられるのが、ブラン・ド・ブランのシャンパーニュです。その部分ですごくマッチしますね。

今お話ししたのは、真鯛を塩とオリーブオイルとレモン（あるいはスダチ）の味付けで食べる場合でしたが、オニオンスライスやカイワレをのせて軽いサラダ風にしても合います。シャンパーニュの泡が、玉ネギの酸味や辛味を包み込んでやわらげてくれます。

ホタテのカルパッチョ

シャンパーニュ地方では、ホタテのカルパッチョが前菜でよく食べられていて、地元の方々はそれにブラン・ド・ブランのシャンパーニュを合わせていらっしゃいます。

ホタテも真鯛と同様、ミネラルの感じと貝の香りが、泡によってふわっと広がります。生のお刺身で食べると、貝の甘味はよりわかりやすいですが、その甘味が泡のおかげで心地よく口のなかで広がります。

たとえばこれに木苺ソースみたいな——完全にフレンチになってしまいますが——そうすると、ブラン・ド・ブランではなく、ロゼ・シャンパーニュがいいと思います。色で合わせていくとやっぱり合いますので。

木苺ソースになると、ベリー系の香りが立ってくるので、黒ブドウのピノ・ノワールのベリー系の香りと酸味――シャンパーニュ地方は冷涼な気候なため、ブドウに酸味がしっかり入ります――という部分でもマッチしていきます。

というわけで貝の甘味とシャンパーニュ、すごく合いますね。

カツオ＋ポン酢

白いお刺身（真鯛とホタテ）にはブラン・ド・ブランが合いましたが、赤身のお刺身には、ロゼ・シャンパーニュがすごく合います。何度も言っていますがワインの色と食材の色を合わせるのは、マリアージュの基本のひとつです。ワインと同じ色の料理は、基本的には合いますね。カツオにロゼ、マグロにロゼを合わせるのは、ひとつの定説です。

白身魚にロゼだと、ロゼの味わいが強くなるので、白身のお魚には白、赤身のお魚にはロゼ。ただしカツオの場合、生姜醤油やにんにく醤油だとやっぱり日本酒がベストでしょうか……元も子もないですが。きりっとした冷やした純米酒とか合いますよね。

でも、生姜醤油やにんにく醤油ではなく、オニオンスライスとポン酢……あと私は九州出身なので、そこに赤いゆず胡椒を添えるのですが、それとロゼ・シャンパーニュ、すごく合います。赤のゆず胡椒のちょっとしたパンチも加わるので、ピノ・ノワールのややスパイシーで華やかな感じが、乗ってきます。

ロゼのシャンパーニュでも特に、ピノ・ノワールとシャルドネで造られたものだと、シャルドネの酸もしっかり入っているため、ポン酢の酸ともよく合います。カツオのうまみが、泡でふわっと鼻まで広がります。

お祝いでロゼ・シャンパーニュを開けよう、というときのおつまみに、カツオのお刺身とポン酢、おすすめです！

お鮨

今はお鮨屋さんでも、よくワインが置いてありますが、ただお鮨との相性があまりが考えられていないような……。いわゆる「いいワイン」（＝高いワイン）が置いてあることが多いのですが、それらがお鮨に合うかどうかはまた別です。ブルゴーニュの樽の効いたシャルドネや、カリフォルニアのナパのカベルネ・ソーヴィニヨンなど、よくお見かけしますが、一部のお料理を除いて、正直あまり合いませんね……。お鮨屋さんでワインを飲まれるんだったら、シャンパーニュ（ブラン・ド・ブラン）がベストだと思います。

なのでご自宅でシャンパーニュを楽しむときに合わせるお料理として、お鮨もいいんですよね。たとえば、鯖鮨、お酢がけっこう効いてて脂も乗っているので、よく合います。ロゼ・シャンパーニュの場合は、鉄火巻がおすすめです。海苔の磯の香りを泡が広げてくれます。


シャンパーニュ、本当に万能選手です。本書で取り上げたメニューでスパークリングのロゼをおすすめしたものは、もちろんロゼ・シャンパーニュにもバッチリ合います。

「今日はお祝いの日だ」というときは、思い切ってシャンパーニュや、ロゼ・シャンパーニュを開けて、ここでご紹介したようなお料理を試されると、普段とは違うおいしさが実感できると思います。

おわりに

半年前に出版した『ワインの授業　フランス編』は、普段私がワインスクールで行っている講義を書き起こし、地図やさまざまな資料とともにまとめたものです。長年予備校の教壇に立ち続けている私にとっては、授業の内容を講義録というかたちでまとめることは得意で、かなり本格的に「フランスワイン」について体系的にお話しさせていただきました。

本書もまた、同様の書き起こしスタイルで制作いたしましたが、今回は教室での「講義」ではなく、ある意味食卓での「実験」をまとめたものと言えます。常日頃から、どのお料理とどのワインが合うかを研究してきた私にとって……と言ってもいろいろ試しながら飲んできただけですが（笑）、ぜひその研究結果を皆さまに公開できればと思い、このように料理別にチャートを作りながらまとめてみました。

もちろんワインやお料理のお好みは人それぞれです。ここに記したことが必ずしも正解とは限りません。ただ、普段のお食事でも、これだけ「ああでもない、こうでもない」という楽しい試行錯誤ができるということ、そしてときどき「おお！」という組み合わせに出会えるということもまた、ワインというお酒の楽しみ方のひとつだと思いますので、是非ご参考いただければと思います。

もしかしたら、一読されても、ブドウ品種名や産地名など、とにかく固有名詞（カタカナ）が多く、なかなかスムーズに頭に入ってきにくい部分もあるかもしれません。あまりにも広く深いワインの世界に入っていくには、まず最初にある程度受験勉強的な暗記が必要になってきます。ただそこを超えると……。数学に例えると、まずいくつもの「基本定理」をきちんと理解することで、一見複雑に見える難問も、楽しみながら解けるようになります。ワインも同じで、まず基本的な「ブドウ品種」の特徴を理解することで、その先にある複雑なワインの世界を自由に旅することができるようになります。本書では、ワインを理解するうえでの「基本定理」である「ブドウ品種」を最初にご紹介しました。そしてそれぞれの特徴を数値化し、その数値をわかりやすいよう「人物」に例えて、イラストで表現してみました。かなり強引なアプローチではありますが、それぞれのニュアンスの「差」を想像していただくきっかけになればと思います。

イラストは『ワインの授業』でもご一緒した、くぼあやこさんです。

じつは『ワインの授業』のなかで、ブルゴーニュ地方の解説の際、有名な白ワイン3種（ムルソー、ピュリニィ・モンラッシェ、シャサーニュ・モンラッシェ）と赤ワイン3種（ジュヴレ・シャンベルタン、シャンボール・ミュジニィ、ヴォーヌ・ロマネ）の微妙な味わいの違いを、くぼさんに人物で表現していただいたところ、これがたいへん面白く、読者の方からも非常に好評だったため、今回は25人（！）――シャンパーニュの2人を入れると27人（！）を描き分けていただきました。男性女性それぞれの魅力（の差）が伝わってくるのではないかと思いますが、いかがでしたでしょうか。

また、今回の企画には、スーパーマーケット「成城石井」さんにご協力いただき、さまざまなワインをご提供いただきました。ここに御礼申し上げます。

今回ご紹介したワインはほんの一例です。ぜひお近くのワインコーナーに足をお運びいただき、さまざまな品種と産地名を意識しながら選んでみてください。そしてご自宅でのお食事の際にも気軽にマリアージュを楽しんでいただけたら幸いです。

２０１５年10月　杉山明日香

イースト新書Q
Q009

おいしいワインの選《えら》び方《かた》

杉《すぎ》山《やま》明《あ》日《す》香《か》

2015年11月19日　初版第1刷発行

イラストレーション　くぼあやこ
料理　林竜平
編集　高良和秀
発行人　北畠夏影
発行所　株式会社イースト・プレス
東京都千代田区神田神保町2-4-7
久月神田ビル　〒101-0051
tel.03-5213-4700　fax.03-5213-4701
http://www.eastpress.co.jp/
ブックデザイン　福田和雄（FUKUDA DESIGN）
印刷所　中央精版印刷株式会社

ISBN978-4-7816-8010-1